一口气读完二战史

（修订版）

杨会军 著

長春出版社
全国百佳图书出版单位

图书在版编目(CIP)数据

一口气读完二战史 / 杨会军著. —修订版. —长春:长春出版社,2023.1
ISBN 978-7-5445-7038-1

Ⅰ.①一… Ⅱ.①杨… Ⅲ.①第二次世界大战-历史-通俗读物 Ⅳ.①K152-49

中国版本图书馆 CIP 数据核字(2023)第 014574 号

一口气读完二战史(修订版)

著　　者　杨会军
责任编辑　孙振波
封面设计　楠竹文化

出版发行　长春出版社
总 编 室　0431-88563443
市场营销　0431-88561180
网络营销　0431-88587345
地　　址　吉林省长春市长春大街309号
邮　　编　130041
网　　址　www.cccbs.net

制　　版　佳印图文
印　　刷　吉林省科普印刷有限公司

开　　本　880毫米×1230毫米　1/32
字　　数　160千字
印　　张　7.75
版　　次　2023年1月第1版
印　　次　2023年1月第1次印刷
定　　价　39.80元

前　言

以死亡为代价的战争，放到个人身上，谁能输得起？

一场死亡 5000 万人的战争，其教训是否值得人类吸取？

回首历史，人类战争多达 15000 场，大约 40 亿人战死在世界各地。其中，冷兵器时代的战争爆发频率较高，但战争范围、投入规模和破坏都比较有限；而工业革命之后，随着科学技术的发展和人类经济实力的增强，军事装备和作战能力也迅速增强，现代战争在规模和破坏力上都发生了骇人听闻的巨变。1939 至 1945 年的第二次世界大战，就是这样一场祸及全球、代价惨痛的现代战争。

“尔曹身与名俱灭，不废江河万古流。”第二次世界大战结束距今已近 80 年了，喊杀声早已远去，几代新人换旧人，赋予人类战斗力的科学技术和经济实力仍在高歌猛进，驶向未来。

忙碌的或者躺平的当代人，抽一点时间，回看一眼祖辈们打过或者被打过的、那场撕心裂肺的大战，鉴往知来，显然是人类最经济、最务实的避坑指南。

第二次世界大战波及地区广、持续时间长，战争在全球各地此起彼伏、错综复杂，为方便读者阅读和清晰地把握整个战争的主要脉络，本书没有采用将地区战场与时间线索混合穿插的传统写法，而是以战场为主线、运用流线式笔法逐一再现各个战场的全景历程：首先回顾欧洲战场，然后介绍亚洲战场。其中，非洲战场是欧洲战场的外延，故不单列；中国战场是我国读者熟悉的部分，因此叙述简约。

以时代的眼光再看二战，这一版更新了一些资料，尝试了新时代的新解读，更多新鲜的阅读乐趣，留给您亲自揭晓。

杨会军

2022 年 2 月 10 日

目　录

自从野兽不再对人类生活构成危险后，暴力的使用就转向人类自己，成为解决重大争端的一个主要手段，人类历史因而充满了战争。

——B. 艾伦莱希《血的仪式》

草蛇灰线，伏脉千里

历史是一条浩荡的长河，不论是清流还是祸水，总有源头。追溯第二次世界大战的源头，你必定会遭遇第一次世界大战。

20 世纪初叶，西方列强伴随着工业革命迅速崛起。他们为争夺更多的势力范围来壮大自己，争先恐后地对外扩张，公然欺凌弱小，瓜分殖民地。1914 年 7 月 28 日，奥匈帝国率先对塞尔维亚展开吞并之战。随后，德国、俄国、法国、英国等 30 多个国家和大约 15 亿人口相继卷入战乱。这场由贪婪驱使的混战打了 4 年零 3 个月，伤亡 3600 多万人，最后英国、法国等协约国获胜，德国、奥匈帝国[①]等同盟国战败。

1919 年 1 月，战胜国在巴黎召开和平会议，单方面制定并逼迫战败国签署了《凡尔赛和约》。根据条约，德国交出 1/8 的国

① 1918 年奥匈帝国瓦解，分别成立了奥地利共和国和匈牙利共和国。

土、1/10 的人口和 300 万平方千米的全部殖民地，承担 1320 亿金马克的战争赔款；同时，废除德国普遍兵役制，解散德军总参谋部，陆军总数不得超过 10 万人，海军不得超过 1.5 万人，舰只总数不得超过 36 艘，不准拥有主力舰和潜水艇，不许建立空军，不许建立军校，不得拥有军用飞机、坦克和重炮等进攻性武器，拆除德国西线军事工事，莱茵兰划为非军事区。

显然，这个条约是不平等的，正如列宁所说："不过是强盗和掠夺者的条约……他们把德、奥抢劫一空，弄得四分五裂。剥夺了这两个国家的全部生活资料，使孩子们挨饿，甚至饿死。"

《凡尔赛和约》满足了英国、法国等国的贪欲，却激起了德国的愤怒，被视为"耻辱和约"，在德国人心中播下了仇恨的种子。对此，法国元帅福煦（Ferdinand Foch，1851—1929）在签订和约时就已经清楚地预见到了："这不是和平。这是 20 年的休战。"

另外，因为分赃不均，战胜国之间也产生了激烈的矛盾。战争期间，英国、法国和俄国为了拉拢意大利参战，曾经许诺战后共同瓜分战败国。但是，根据《凡尔赛和约》，英国独得 140 万平方千米的新殖民地，法国得到 130 万平方千米的领土，而意大利只分到了 10 万平方千米的贫瘠土地。意大利认为英国、法国背信弃义，遂怀恨在心。

在远东和太平洋地区，美国和日本之间的利益冲突也在不断加剧。为了抑制日本的扩张，1921 年 11 月，美国、英国、法国、日本、意大利、比利时、荷兰、葡萄牙、中国在华盛顿召开了九国会议。会议缔结了关于中国问题的《九国公约》，迫使日本将山东的权益和胶济铁路归还中国，撤出日本军队。日本认为自己受到了压制，因而对美国等西方列强心怀仇恨，为日后的太平洋战争埋下了伏笔。

第一次世界大战的另一个重大遗产，就是沙皇俄国的垮台和苏维埃十月社会主义革命的胜利。第一个社会主义国家的建立，前所未有地改变了世界政治格局：在西方列强争夺霸权和私利的矛盾之外，世界上又形成了社会主义与资本主义两种制度的对抗。

在苏联的影响下，许多国家都成立了无产阶级政党，社会主义运动蓬勃发展，殖民地和半殖民地国家的民族解放运动风起云涌，动摇了西方列强的殖民统治。这种错综复杂的矛盾和对抗，使第一次世界大战之后的世界危机四伏，更加动荡不安。一切有利于战争的因素和势力都在肆无忌惮地疯长，酝酿着规模空前的风暴和更大的灾难。

帅克患了风湿症，军医问："你相信世界末日吗?"帅克道："我得先看看这个世界末日再说。"

——［捷克］哈谢克《好兵帅克在第一次世界大战中的遭遇》

养虎自遗患

第一次世界大战有多残酷？全世界死伤3600多万人，仅德国一方，就战死200万人，伤残150万人，饿死病死100万人。

厮杀了4年之后，到1918年10月1日，德国面临崩溃，元帅鲁登道夫（Erich Von Ludendorff，1865—1937）向高级军官坦言："最高统帅部和德国军队已经完了。战争已经无法取胜，彻底的失败即将到来！"

但是，面临崩溃的德国统帅部却不敢承担失败的责任。10月25日，德军基尔港的舰队接到命令：出海攻击英军，要么取得"辉煌的胜利"，要么就"光荣沉没"。结果，8万德军水兵临阵哗变，随即爆发了席卷德国的"十一月革命"，德国皇帝威廉二世逃亡荷兰，霍亨索伦王朝一败涂地，帝制被废除，"德意志共和国"宣告成立。

战争削弱了德国的实力，但是，德国依旧是一个6000万人口的欧洲大国，绝大部分重工业和军事工业仍然完好无损。而且，《凡尔赛和约》的负担和苦难主要落在了德国人民的头上，战争的罪魁并未受到追究，威廉二世逍遥法外，德军元帅兴登堡（Paul von Hindenburg，1847—1934）后来还当上了德国总统，德国军官团也完整地保存下来。从战争结束之日起，军国主义势力就开始积极谋划东山再起，伺机发动复仇战争。

在战胜国方面，法国、英国和美国对待德国问题各怀鬼胎，立场并不一致。法国对宿敌德国抱有复仇和恐惧心理，千方百计想把德国置之死地。一再逼迫德国履行《凡尔赛和约》、交付巨额赔款，以此削弱德国，增强法国的实力，保持法国在欧洲大陆的霸权地位。而英国却一如既往要对欧洲大陆玩弄均衡策略，不愿意过分削弱德国，也不愿意法国强大，宁愿在德法对抗中坐收渔人之利。

美国则是第一次世界大战中的暴发户，利用欧洲战争大做军火生意，从战前的债务国崛起为战后 20 多个国家的债主，一跃而成世界经济巨人。美国总统威尔逊（Thomas Woodrow Wilson，1856—1924）踌躇满志地说："谁以资本供给全世界，谁就应当管理它。"美国并不关心法国和英国能否拿到德国的赔款，它担心如果德国破产了，等于扼死了"产金蛋的鸡"，不仅会丧失美国在欧洲的巨额债务，还会丧失牵制英国和法国的一支力量。

德国于是利用法国、英国和美国之间的矛盾，不断掀起废除《凡尔赛和约》的运动，消极抵制战争赔款。1923 年 1 月，法国伙同比利时出兵占领了德国的鲁尔区，武力逼债。对此，英国和美国采取了反对态度，贷款支持德国工矿企业停产罢工。结果，法国只能靠自己采挖煤炭，同时还要为军事占领支付巨额军费，得不偿失。

1924 年 7 月，美国、英国利用法国占领鲁尔的失败，得到了解决德国赔款问题的主动权，推出了扶持德国恢复经济的“道威斯计划”（Dawes Plan）。此后，美元和英镑源源不断地流入德国，到 1932 年投入德国的外资达 318 亿马克。德国利用这些外资支付赔款、偿还贷款之后，还富余 125 亿马克，工业技术和设备得到了全面的更新。到 1929 年时，德国的工业生产总值已经超过英国和法国，跃居世界第二位。

1925 年 10 月，英国、法国、德国、比利时、意大利在瑞士小城罗加诺举行了“巩固欧洲和平”的会议。通过了“罗加诺公约”（Locarno Treaties），规定德国、法国、比利时相互保证不破坏彼此之间的边境现状，但是，对于德国与其东邻波兰、捷克之间的边境则不予保证。该公约在法律上抬高了德国的地位，承认德国作为大国重新登上世界政治舞台。而作为战胜国的法国，却需要依赖别国的保证才能维护边境的安全。同时，公约没有规定德国对其东部边境的义务，实质上是鼓励德国向东部扩张。

1926 年 9 月，国际联盟（League of Nations，1920—1946）又接纳德国加入，并给予常任理事国席位。德国在政治上摆脱了战败国的地位，战前的各种殖民主义组织和军国主义势力又重新复活了，数千名身穿便衣的原总参谋部军官们云集柏林，开展系统的战争研究，谋划重整军备，秘密扩建海军、组建空军，在各地私设武器仓库，重建军事工业，逐步形成生产新式武器的巨大潜力。

1929 年经济大危机席卷世界，德国借口无力偿付协约国的债务，要求修改道威斯计划。此时，美国对德国工业的投资累计已达 600 亿马克，为了确保自己的投资收益，美国便尽力支持德国的要求。1929 年 6 月，由美国银行家欧文·扬（Owen D. Young，1874—1962）操纵的国际专家委员会制定了新的赔款计划，史称"杨格计划"（Young Plan）。德国赔款总额削减为 1139 亿马克，分 59 年付清，一切清算事宜均由美国主持的国际清算银行经手；同时，撤销了协约国对德国财政的监督。该计划进一步加强了德国的经济自主地位。

两年后，德国又借口经济困难，要求延期支付赔款。于是，同样是为了保障美国投资的安全，美国总统胡佛（Herbert Clark Hoover，1874—1964）在 1931 年 6 月向有关各国提出了缓债一年的所谓"胡佛缓债令"。1932 年，在美国压力下，洛桑会议（Conference of Lausanne）又通过了停止向德国索要战争赔款的《洛桑协定》。

德国实力的恢复引起了法国的不安，欧洲的形势有了新的变化。当英国、美国为了各自的利益还陶醉于均衡政策的时候，欧洲的均势已经向着有利于德国的方向逆转。心怀仇恨、野心勃勃的德国羽翼渐丰，作为第二次世界大战的欧洲策源地，万事俱备，只等希特勒出来兴风作浪、为祸世界了。

1932年，德国作家卢特维希采访墨索里尼。墨索里尼回忆往事说："饥饿是一个良师，与监狱和仇敌差不多。我母亲是小学教师，月薪50里拉；父亲是一个铁匠，没有固定收入。家里餐桌上一个星期都见不到一块肉。"

——［俄］米·林斯基《墨索里尼之谜》

"黑衫党"进军罗马

有时候，邻居多了真不是好事。当法国还在为北部的邻居磨刀霍霍而心神不宁的时候，南面的邻居意大利却在不经意间变成了舞刀弄枪的法西斯国家。

意大利是现代法西斯专政的始作俑者。第一次世界大战结束不久，1919年3月，意大利铁匠的儿子本尼托·墨索里尼（Benito Amilcare Andrea Mussolini，1883—1945）就在米兰组建了一个暴力团伙——"战斗法西斯"，自命为"维持公共秩序"。成员一律身穿黑衫，因此被称为"黑衫党"。

1921年11月，墨索里尼又将其团伙打扮成正式的"法西斯党"，并建立了法西斯外围组织"国民工会"，日益猖狂地进行"有组织的恐怖活动"。为了广泛招揽党徒，墨索里尼大肆进行蛊惑人心的宣传，还制定了党旗和党徽——束棒。

束棒原是古罗马高级执法官的标志，墨索里尼以此为法西斯党的党徽，象征意大利古代的光荣。一束棒子捆在一起，中间捆着一柄斧头，棒子象征人民，斧头象征领袖，意思是：人民要绝对服从勇武的领袖。法西斯党徒必须行罗马式敬礼，高唱《青年进行曲》，用“信任、顺从和斗争”的口号代替民主政治的“自由、平等和博爱”。

第一次世界大战后，意大利经济极度困难，政局动荡不安。墨索里尼的法西斯宣传得到了军界、工业家和中产阶级的拥护，墨索里尼被奉为在乱世中建立秩序、保护私有财产的救星。好战者、退伍老兵、暴徒、解职军官和“敢死队”，都集合在法西斯的旗帜下。到1922年11月1日，法西斯武装党徒已发展到50万人，普通党员达100万人。另外，法西斯操纵的工会和其他社团还有250万人。

1922年10月15日，4万名全副武装的法西斯党徒在那不勒斯集合誓师，向意大利首都罗马进军，妄图以武力夺取政权。10月20日夜，法西斯总部下令全国总动员，发表了对全国国民的檄文，劝告军警不要阻拦他们，他们的目标只是推翻腐朽的政府，劝慰有产阶级不要害怕，声明保护工农的正当权利。在黑衫党武装暴徒的威慑下，意大利军队和警察大部分严守中立，没有阻击，只遭遇少数共产党领导的革命群众的阻击和反对，但由于力量对比悬殊，都被法西斯暴徒们残酷地镇压了下去。

10月29日，在墨索里尼的威压和工业家们的劝诱下，懦弱的意大利国王维克托·埃马努埃尔三世屈服了，任命墨索里尼为意大利总理。兵不血刃，法西斯黑帮便夺得了意大利政权。

墨索里尼掌权后，集总理，外交，海、陆、空军部长于一身，变成了他梦寐以求的“恺撒大帝”，成为意大利最有权势的人。为了巩固法西斯统治，“黑衫党”开始公然绑架和杀害政府中的反对派，对人民群众进行恐吓、抢劫、勒索和骚扰。当时，在大街上和田野中，每天都有血案发生。“黑衫党”到处袭击工会，焚烧报馆，殴打、枪杀进步人士和共产党人。在大选中，法西斯匪徒口出狂言，谁不投黑衫党的票，重者将遭到致命的报复，轻者也要喝一杯蓖麻油。

1926 年，墨索里尼政府颁布了一系列“非常”法令，除法西斯党及其所属工会、报刊之外，其他政党、工会、社团、报刊一律查封和解散，大批反法西斯人士横遭迫害。

1927 年，在唯利是图的美国资本援助下，墨索里尼政府实行了货币制度改革。从 1925 年到 1929 年，美国向意大利输出了 5 亿多美元的贷款和直接投资。意大利的工业生产迅速扩张，1923 年至 1929 年间，意大利的钢产量增长了 84%，发电量增加了一倍。

与此同时，意大利的扩张野心也恶性膨胀，墨索里尼不顾意大利国小力薄的实际情况，竟然妄图把地中海变成意大利的内湖，建立“大罗马帝国”。

意大利将侵略的矛头首先指向了地中海沿岸和非洲的广大

地区。

亚得里亚海北岸的港口阜姆成为墨索里尼的第一个牺牲品。第一次世界大战前，阜姆属于匈牙利，战后被划归南斯拉夫。墨索里尼执政后，于 1924 年威逼南斯拉夫订立割地条约，出兵占领了阜姆港。

1934 年，墨索里尼又出兵占领了东非小国阿比西尼亚。1936 年，为摆脱国际束缚，意大利退出国际联盟。1936 至 1939 年间，与德国联手干涉西班牙内政，颠覆了西班牙的民选政府，扶持法西斯分子佛朗哥夺取政权，建立了独裁政府。1937 年，墨索里尼又与纳粹德国结盟，建立了“罗马—柏林轴心”，成为希特勒发动第二次世界大战的主要帮凶。

我的优点就是不受任何约束，不论是理论上的还是道德上的清规戒律。

——［德］阿道夫·希特勒《我的奋斗》

乱世枭雄希特勒

阿道夫·希特勒（Adolf Hitler，1889—1945）本是奥地利人，出生在奥地利与德国接壤的边境小镇布劳瑙。父亲阿洛伊斯·希特勒是奥地利海关职员，母亲克拉拉·波尔兹尔是其父第3任妻子。希特勒性格极为叛逆，经常与父亲冲突。中学没有毕业就辍学了，一心要当画家，青年时靠打零工为生。

第一次世界大战爆发后，25岁的愤青希特勒突然发现了释放激情的渠道，志愿参加了德国军队。在阴冷污浊的战壕里，希特勒毫无怨言，表现得异常坚韧英勇，在命令与服从的原则里找到了如鱼得水的感觉。德国的战败使希特勒感到震惊和无比愤怒。

1919年，希特勒参加了一个法西斯组织“德国工人党”。希特勒能言善辩，很快便控制了这个小政党。1920年2月，希特勒将该党改名为“德国社会主义工人党”，简称“纳粹党”（Nazi Party）。1921年7月，希特勒成为该党主席，按照意大利法西斯的榜样，他组建了自己的打手队伍——“冲锋队”，身穿褐色制服，因此也被称为“褐衫队”。

当时的德国战败不久，国内政局一片混乱，经济极度困难，各种思想和社会势力鱼龙混杂。为争取民心、扩大影响，希特勒抓住《凡尔赛和约》的屈辱大做文章，号召德国人振作起来，撕毁条约，挽救民族危亡，争取“与其他民族享有平等的权利”。在希特勒的宣传蛊惑下，纳粹党员人数不断上升。

1922 年墨索里尼“进军罗马”夺得政权，希特勒深受鼓舞。

1923 年 11 月 8 日，希特勒召集“褐衫队”在慕尼黑贝格勃劳凯勒啤酒馆发动政变，誓师“进军统帅大厅”。但是，在进军途中，德国警察阻止并逮捕了暴动者，希特勒也被投入了监狱。

在兰德斯堡监狱服刑 9 个月，希特勒整理了他的法西斯思想，写了一本自传——《我的奋斗》，描述他称霸世界的野心：先占领奥地利、捷克斯洛伐克、波兰、丹麦、挪威、荷兰、比利时、卢森堡，然后消灭法国、英国和俄国，开创一个“建筑于奴隶制和不平等思想上的伟大的新社会”，由“雅利安优等民族”日耳曼人统治全世界。

1929 年至 1933 年的世界经济大危机，沉重地打击了风雨飘摇中的德国议会民主制度。当时，德国经济急剧下滑，工业生产下降 40%，外贸减少 69%，7 万多家企业破产，失业者高达 800 万人。面对困难，德国联合政府一筹莫展，宣布辞职，国会无力组建新的政府，政权成了烫手山芋。于是，根据宪法，国家权力在危急时刻转入兴登堡总统手里。这位第一次世界大战中的德军元帅，不断地任命“总统临时内阁”，颁布“总统暂行法令”，国会和民主制度销声匿迹，共和国体制名存实亡了。

乱世给了希特勒肆意妄为的良机，在1932年7月的德国大选中，希特勒极力煽动德国人寻求“新的生存空间”，宣扬“强权国家是改善经济的前提”。这些主张赢得了德国民族主义者和工业家们的欢心，纳粹党乱中取胜，赢得了37.3%的选票，一举成为国会第一大党。

1933年1月30日，兴登堡总统任命希特勒为德国总理，德国从此进入持续12年的希特勒时代。希特勒上台后，“褐衫队”和党卫军立即冲上街头，肆意跟踪、殴打和杀害一切政敌。2月27日，纳粹制造了“国会纵火案”，嫁祸德国共产党，随即颁布《保护人民和国家的紧急法案》，废止了公民最基本的政治权利。4月1日起，希特勒禁止犹太人经商，4月26日成立秘密警察——盖世太保（德语“国家秘密警察”Geheime Staats Polizei的缩写Gestapo的音译）。5月2日希特勒取缔工会；6月27日勒令解散德国社会阵线；7月14日颁布禁止成立新政党的法律，使纳粹党成为德国唯一的政党。

同年7月，希特勒设立军事化的“德国经济总委员会”，将国家经济分成工业、能源、银行保险和手工业等6个部门，将全国划分为18个经济省。德国经济开始转入战争轨道，控制物资出口，主要进口军需物品，军事工业得以迅猛发展。

1934年8月2日，兴登堡总统病逝，希特勒接管了总统职权，自封为“德意志国家和人民的元首”，称呼德国为“德意志第三帝国”。

完全掌握了德国政权之后，希特勒加紧了将德国改造为战争机器的步伐。1935 年 3 月 1 日，希特勒取得萨尔地区控制权，5 日，希特勒宣布建立德国国防军，13 日下令建设德国空军，16 日宣布重整军备，颁布国防法令，恢复普遍义务征兵制，17 日全德国庆祝摆脱《凡尔赛条约》的束缚。

1936 年 3 月 1 日，希特勒下令实施演习计划。7 日，德国武装部队越过莱茵河，公然占领“非军事区”。7 月 22 日，希特勒派兵援助西班牙的法西斯叛乱。1937 年，希特勒又与臭味相投的墨索里尼结盟，建立了侵略战争同盟“罗马—柏林轴心”。

1938 年，希特勒自任国防部部长，组建直属于他个人的国防军司令部，掌握了完全的军事统帅权。德国的军费迅猛增长，从 1933 年的 7 亿马克一路飙升至 1938 年的 600 多亿马克，增幅近百倍之多。陆军从 1935 年的 30 个师增至 1938 年的 51 个师。1938 年时，德国空军仅有 368 架飞机，到 1939 年猛增至 8295 架，成为世界上最大的空军。在军火生产上，1939 年德国的产量已达美国、英国两国总和的 2 倍多，为发动第二次世界大战做好了充分的物质准备。

希特勒生气地说：“奥地利的整个历史就是不断叛逆卖国。过去如此，现在也没好。是时候结束这一切了。许士尼格先生，这个使命将由我来完成，因为上帝注定了要我这样做……凡是不赞成我的人，就要被摧毁！我已获得了德国历史上最伟大的成就，比任何德国人都伟大。而且不是靠武力手段，我告诉你，我满怀着对我的人民的热爱。”

——［美］威廉·夏伊勒《第三帝国的兴亡：纳粹德国史》

绥靖政策

战争的脚步正在迫近，法西斯的铁蹄和狰狞的叫嚣声已经清晰可闻。但是，西方列强的应对之道却是以邻为壑的绥靖政策。

经历第一次世界大战的残酷厮杀之后，英国、法国等老牌欧洲强国虽然表面上取得了胜利，但是，山河破碎，残垣断壁，国力已经在战争中消耗殆尽，今非昔比，没有了往日横行世界、称霸欧洲的锋芒和锐气。

沉重的战争负担耗光了英国的老本，败光了10亿英镑的国外投资，还欠了美国44亿美元的债务。由于实力的衰落，大英帝国称雄250年之久的海上霸主地位也开始动摇了。各殖民地的民族解放运动风起云涌，英国政府内外交困，战后几届保守党和工党政府都无力回天，黯然下野。

苦撑危局的英国政府，以恢复国内经济和解决帝国内部矛盾为执政重点，强调“经济危险是必须对付的最紧迫的危险，其他事务必须让位，必须等待”。重整军备不得影响经济恢复，同时，幻想以虚张声势的外交手段来保持既有的霸权地位。

1935年时，德国的空军实力已经超过了英国。而张伯伦政府仍认为重整军备将“压垮英国的脊背”，一面大幅度削减军事预算，一面严格限制英国军队的规模，主张“退守帝国”，在军事上撤出欧洲。

作为第一次世界大战主战场的法国，战后情况更为糟糕。战争损失高达2000亿法郎，劳动力损失约136.5万人，战后工业产量只有战前的57%，农业萎缩到发生粮食危机的程度。而且，一向以高利贷者著称的法国已经变得负债累累，欠美国的外债就有40亿美元。本来指望从德国的战争赔款中捞回血本，结果又在美国、英国的威压下和德国的抵制下落得竹篮打水——一场空。

由于国力衰落，经济极度困难，法国政局陷入动荡和混乱之中。从1925年4月到1934年2月，来去匆匆的法国政府竟然更换了17届之多；仅1933年一年，法国内阁就走马灯似的换了7届。内政的困难与混乱使法国在外交上更加难以保持连续性、坚定性和独立性，只能追随英国对德国、意大利和日本的法西斯侵略行径推行苟且偷安的绥靖政策。

而第一次世界大战的真正赢家美国又如何呢？

通过第一次世界大战，美国从战前的负债累累一跃而为全世界 20 多个国家的债主。世界黄金储备的 40％以上都流进了美国的腰包，纽约取代伦敦成为世界金融的中心。在经济、政治、军事和外交等各个方面，美国都取代英国成了西方世界的领袖。

美国远离欧洲和亚洲，依仗大西洋和太平洋的天然屏障，并不担心德国、意大利和日本的侵略之手会伸向自己。同时，从建国之始，美国就流行孤立主义的历史传统。第一次世界大战之后，孤立主义思潮在美国异常活跃，极力鼓吹撇开国联，不参加任何联盟，不卷入、不牵连任何国际义务，散布和平幻想，掩盖战争危险，主张裁减军备、避免战争，“代价再高也不为过”。

迫于孤立主义思潮的压力，第一次世界大战后的历届美国总统在竞选时都顺应潮流，保证不卷入战争，不把选民的孩子送到国外去打仗，奉行“中立”“不偏不倚”和“武器禁运”等外交政策，坐视德国、意大利和日本到处挑起战火，肆意侵略。

此外，第一次世界大战的残酷景象也给欧美各国留下了不堪回首的惨痛记忆，和平主义思想和厌战、畏战情绪在西方社会十分盛行。同时，作为战胜国，英国、法国、美国等也感到心满意足，幻想从此天下太平。

法国的和平主义尤其严重，认为自己想要的已经都得到了，剩下的就是保住既得利益了。士兵们认为军事训练已经没有必要，驻地的娱乐中心成了部队的活动重心，酒精中毒的现象在军人中非常普遍。

绥靖政策的另一个重要背景是，20 世纪初叶资本主义和社会主义两种制度的对抗。俄国十月革命后，世界各地掀起了反对殖民统治的民族解放运动，直接冲击了西方列强的殖民地后方。因此，西方列强都非常仇视新生的苏联，对共产主义威胁惶恐不安，千方百计地削弱苏联和限制共产主义的影响。而地处法国、英国与苏联之间的德国便被看成是阻止“共产主义威胁”的“壁垒”。“祸水东引”成了西方列强反苏、镇压欧洲革命的如意算盘。为此，英国甚至公然喊出了“宁要希特勒，不要斯大林”的口号。

英国首相鲍德温曾再三声言：“假如一定要打仗的话，我希望看到布尔什维克与纳粹打起来。”另一位英国首相张伯伦（Arthur Neville Chamberlain，1869—1940）的想法更天真：“希特勒的行动将指向东方，而在这种情况下，我们就可以完全不卷入了。”

然而，绥靖政策并没有给西方带来和平，反而怂恿、加速了法西斯侵略者的战争步伐。1935 年 10 月 3 日，意大利不宣而战，悍然入侵东非小国埃塞俄比亚。对此，英、法等国的反应只是发表一份空洞的谴责声明。法国外长赖法尔（Pierre Laval，1883—1945）甚至拍手称庆：“我把意大利的侵略矛头引向一边，因而拯救了法国。”墨索里尼的侵略成功，使希特勒深受鼓舞。

1936 年 3 月，希特勒公然宣布废除《罗加诺公约》，出兵进占莱茵兰非军事区。英、法等国的反应依然是软弱无力的谴责声明。随即，希特勒又下令在德、法边境修筑了“齐格菲防线”(Siegfried Line)，为发动进攻做好准备。

1938年初，为了建立“大德意志帝国”，希特勒在奥地利制造骚乱，寻找吞并奥地利的借口。3月12日，德国直接向奥地利总理许士尼格发出最后通牒，要求他辞职，许士尼格被迫接受。接任的新总理同意邀请德军进驻奥地利，德军随即占领奥地利全境。13日，宣布德国与奥地利合并。

面对德国肆无忌惮的侵略行径，英国、法国、美国表面上仍然发表了抗议，实际上却认为德奥合并“势在必行”。1938年4月初，英、法、美三国政府分别承认了德国并吞奥地利的现实，撤回驻奥使馆，代之以驻维也纳领事馆。不费一枪一弹，德国便轻易地吞并了一个主权国家，这对希特勒的侵略野心无疑是一个巨大的鼓励。

几个月之后，希特勒又开始了侵略捷克斯洛伐克的行动。他一方面谎称捷克苏台德地区的日耳曼人遭受了“迫害”，一面陈兵边境，要求割让苏台德地区。正当捷克斯洛伐克急需英、法等西方大国主持正义、伸出援手的时候，英、法等国却已经决定出卖捷克斯洛伐克，换取德国的“谅解”。

危急关头，英国首相张伯伦在法国总理达拉第的支持下，主动求见希特勒，明确表示“承认苏台德地区脱离捷克斯洛伐克的原则”，请求希特勒在他与捷克斯洛伐克政府协商之前不要动武。随后，在英、法的联手威胁和劝诱下，捷克斯洛伐克被迫接受了割地的建议。之后，张伯伦飞赴德国会见希特勒，并提议召开四国首脑会议，讨论领土转交事宜。

1938 年 9 月 30 日，英国、法国、德国和意大利的首脑在慕尼黑签订了《慕尼黑协定》（Munich Agreement），规定捷克斯洛伐克在 10 天之内割让苏台德地区以及与奥地利接壤的南部地区给德国。作为当事国，捷克斯洛伐克代表却不能与会，只是在会后由英国代表通知他们结果，并且告知“这是无权上诉和不能修改的判决词”。

希特勒又一次兵不血刃地实现了侵略捷克斯洛伐克的野心。

《慕尼黑协定》签字后，张伯伦带着他事先拟好的《英德宣言》（Declaration of Britain and Germany），单独会见了希特勒。竭力向希特勒陈述，只有加强英德合作，才能解决欧洲和世界和平问题。为了进一步麻痹英国，希特勒慷慨地在宣言上签了字。随后，法国总理达拉第也得到了一份《法德宣言》。

当日，张伯伦踌躇满志地返回伦敦。一下飞机，就拿出《英德宣言》向欢迎的人群挥舞，兴奋地宣布：“从今以后，整整一代人的和平有了保障!”

在斯大林的眼里，西方的自由资本主义和希特勒的资本主义之间没有本质区别。这就是为什么斯大林能从与西方亲近的政策一下子走向与希特勒联盟的原因。

——［日］小城正尺《第二次世界大战秘史》

苏德互不侵犯条约

在西方国家绥靖政策的滋养下，希特勒一口一个，干净利索地吃掉了奥地利和捷克斯洛伐克，侵略的欲望越发炙热，随时准备扑向下一个目标。

这一点，全世界都看在眼里。只是“大难临头各自飞”，各打各的算盘。英国、法国手持希特勒签字的《英德宣言》和《法德宣言》，自以为得到了“光荣的和平”，一心想要“祸水东引”，将德国的侵略矛头指向苏联。美国远在大洋彼岸，有恃无恐。唯有苏联无遮无拦，胆战心惊地暴露在希特勒的炮口之下。

而此时的苏联，刚刚经历了 1936 年至 1939 年的“大清洗”，逮捕了 500 多万人，枪决了 50 多万人。领导“十月革命”的 29 名中央委员和候补委员中有 15 人被处决，首届苏维埃中央政府的 16 名成员被处决了 12 人。斯大林（1878—1953）的铁腕已经牢牢地掌握了苏联。

鉴于战争的威胁日愈迫近，斯大林大力加强国防建设。在

1938 年开始的苏联第 3 个五年计划中，国防工业投资占到整个工业投资的 1/4 以上，许多民用企业纷纷改建为军需工厂。同时号召和组织妇女参加工业生产，从事男子的工种，建立劳动后备军。另外，斯大林也在国际上寻求建立集体安全体系。

在斯大林的一再建议下，1939 年 4 月 15 日，英国、法国、苏联三国在莫斯科举行了关于互助反侵略的谈判。会谈中，苏联向英国、法国建议：缔结包括军事援助在内的三国反侵略互助条约；三国共同保障中欧和东欧国家的安全。但是，英国和法国实际上仍然热衷于绥靖政策、幻想着“祸水东引”，对苏联的建议十分冷淡，谈判持续了将近 4 个月毫无结果。

与此同时，希特勒对英、法、苏三国谈判深感忧虑。唯恐三国一旦结盟，将使德国处于腹背受敌的困境。因此，希特勒抓住英、法、苏三国彼此猜疑的矛盾，大耍两面派。一方面暗中与英国秘密会谈，英国同意了德国在东欧和中南欧自由行动。另一方面，又一再向苏联表示德国无意侵犯苏联，希望改善关系，使两国关系“安定化、正常化”。

1939 年 8 月 20 日，急不可耐的希特勒直接致电斯大林，要求苏联同意德国外交部部长里宾特洛甫（Ulrich von Ribbentrop，1893—1946）赴苏会谈签约。而此时的苏联也同样面临着腹背受敌的现实危险。在远东地区，日本挑起诺门坎事件，向苏联发动进攻；而德国与日本这两个法西斯又在紧锣密鼓地谈判结成军事同盟。危机当前，苏联既然得不到英国和法国的合作，也就但求自保了；斯大林做出重大决策：同意里宾特洛甫前来莫斯科。

8 月 23 日，里宾特洛甫带着希特勒亲笔签字的全权证书，飞抵莫斯科。当日，斯大林、莫洛托夫和里宾特洛甫两次会谈，正式签订了《苏德互不侵犯条约》。条约规定：双方保证不单独或联合其他国家施用武力、侵犯或攻击彼此；缔约一方如与第三国交战，另一缔约国不得给予第三国任何支持；缔约双方决不参加任何直接、间接反对另一缔约国的任何国家集团。

该条约的签订，表明苏联在战争中将保持“中立”，实际上是回敬了英法“祸水东引”的企图。而德国则借此避免了东西两线作战的危险，可以毫无顾忌地去进攻波兰了。

希特勒有一个相当深刻的看法，认为斯大林的原动力来自“俄罗斯民族主义”的比来自共产主义的为多。里宾特洛甫也认为，斯大林是现代的伊凡雷帝（Ivan the Terrible）。《苏德互不侵犯条约》签订之后，苏联又与德国达成了《附属秘密议定书》，这笔秘密交易充分地暴露了苏联的民族利己主义和大国沙文主义。

根据苏德秘密协议，德国进攻波兰的同时，1939 年 9 月 17 日，苏联也从东线进攻波兰，60 万红军占领了约 20 万平方千米的波兰领土。同年 11 月，苏联又出兵芬兰，抢占了 4 万多平方千米芬兰领土。随后，又迫使立陶宛、拉脱维亚、爱沙尼亚“申请加入”苏联，吞并了 17 万多平方千米的疆土。此外，苏联还派兵攻占了罗马尼亚的一部分国土。通过这一系列军事行动，苏联夺取了 40 余万平方千米的土地，掠获 2400 万人口，建立起从芬兰湾到黑海海岸的“东方战线”。

1939 年德国进攻波兰，波军总司令希米格维发布战争动员令，鼓励士兵将进犯的德军劈成碎片。华沙街头一派喜气洋洋，人们相信：波兰与英法夹击，德国在两周内就会灭亡。然而，开战仅一周，德军已兵临华沙，绝境中的波军部队却始终找不到他们的总司令。战后，希特勒透露说："那个要把我劈成两半的人，已经丢下军队，逃往罗马尼亚了。"

——［法］亨利·米歇尔《第二次世界大战》

闪击波兰，大战爆发

作为第一次世界大战的战胜国之一，波兰曾经从战败的德国手中夺取了但泽地区。希特勒对此一直怀恨在心，在《我的奋斗》中他恶狠狠地写道：一个竟然敢于割去并吞并了德国领土的波兰，不可饶恕地冒犯了德意志民族。因此，早在 1939 年 4 月，希特勒就下定决心要粉碎波兰。而《苏德互不侵犯条约》的签署等于是对波兰下达了死刑判决书。

为了制造进攻波兰的借口，希特勒煞费苦心地导演了"波兰人"袭击德国电台的丑剧。1939 年 8 月 31 日深夜，数十名被化装成"波兰军人"的德国囚徒，在纳粹党卫军指挥下，向地处德波边境的德国格雷威茨电台发起突然袭击。随即遭到事先埋伏在电台四周的党卫军的机枪扫射，几分钟之内全部毙命。一名纳粹摄影师立即对战斗现场进行了拍照。翌日，德国各大报纸全都刊登了“波兰人”入侵德国的新闻照片。

1939 年 9 月 1 日凌晨 4 点 45 分，德国 160 万大军以迅雷不及掩耳之势从东北和西南两个方向实施向心突破，“闪击”波兰，发动了第二次世界大战。

波兰的天空上，突然间铺天盖地出现了 1500 多架德国新式飞机，对波兰的机场、交通枢纽、铁路、经济与行政中心狂轰滥炸。波军猝不及防，500 架第一线飞机没来得及起飞就被炸毁在机场，无数火炮、汽车及其他辎重被原地摧毁，交通枢纽、通信系统和指挥中心遭到严重的破坏，波兰部队陷入一片混乱之中。

在陆地上，德国在波美拉尼亚和东普鲁士集结了由 21 个师编成的北方集团军群，在西里西亚和捷克斯洛伐克境内展开了由 33 个师编成的南方集团军群。这两个集群分别由第 1 航空队和第 4 航空队配合。德军共 44 个师（其中 7 个装甲师、4 个轻装甲师、4 个摩托化师），在 1939 架飞机、2800 辆坦克、6000 门火炮的掩护下，以装甲部队和摩托化部队为前导，成扇形攻势，闪电般地向波兰腹地长驱直入，很快就突破了波兰防线，将惶恐的波军打得七零八落。

当天上午 10 时，希特勒兴奋地向国会宣布，帝国军队已攻入波兰，德国进入战争状态。9 月 3 日，作为波兰的军事同盟国，英国和法国迫不得已先后对德国宣战。

波兰政府对于战争的危险，当然也早有感觉，只是一味担心刺激德国，不敢积极备战。直到8月29日，德军在波兰边境大举集结，并发生军事冲突，波兰政府才于当天下午决定实行全民总动员。但是，英法两国大使却认为此举会让人以为波兰好战，于是波兰政府又把动员令推迟到8月30日下午才公布，31日凌晨才正式开始动员。

而此时距离德军发动进攻只剩一天的时间了，拥有39个师、100多万人的波兰军队根本来不及排兵布阵，只能仓促应战、孤立无援地在各自的防区里独自抵抗德军的进攻。而且，波军装备落后，不得不用轻武器与德军的坦克部队展开可怕的大厮杀。战斗在一片混乱中进行。波兰各级政府也已经陷入瘫痪状态，官员们放弃了自己的职守，老百姓慌乱地四处逃命。

战火中的波兰政府再三哀求盟国立刻给予支援。根据军事协定，英法本应以航空兵对德国实施突击，并对德国西部边境实施进攻。但是，英法形式上虽然对德国宣战了，实际上却按兵不动，仍然幻想把德国的侵略向东引向苏联。

而波兰总统拉奇基耶维奇在战争爆发的当天就逃离了首都华沙，波军总司令希米格维元帅则逢人就散布波军必败的论调。9月4日，波兰政府机关、政府机密文件和黄金储备也都撤离了华沙。试想，这样的政府怎么可能保护老百姓呢？

9月8日，进展最快的德国第10军已经兵临华沙郊区，随即与中央区德军会合，对华沙形成南北夹击之势。9月9日，波兰政府又撤到克列梅涅茨，9 月 13 日逃到接近罗马尼亚边境的扎列希基。9 月 14 日华沙与波兰各地的联系完全断绝了。9 月 16 日，波兰政府越过边界，逃到了罗马尼亚。

9 月 17 日，早已同德国商量好瓜分波兰的苏联，借口波兰政府已经不复存在，出兵波兰。苏联白俄罗斯方面军和乌克兰方面军共 60 万人，越过波兰东部边界向西进攻。9 月 18 日，苏军在布列斯特-利托夫斯克与德军会师。9 月 19 日，波军 19 万人向苏军投降。

9 月 25 日，德军开始向华沙发起攻击。9 月 26 日，德国空军开始轰炸华沙。9 月 27 日，华沙的波兰守军停止抵抗。9 月 28 日，华沙守军向德军投降。3500 万人口、号称“欧洲第二军事强国”的波兰就这样被消灭了。

在历时四周的波兰战役中，波兰军人战死 66300 人，伤残 133700 人，被德军俘虏 69.4 万人，被苏军俘虏 21.7 万人，逃至邻国 10 万人。波兰居民也遭受了巨大的牺牲，仅华沙就死亡近 25 万人。德军战死 10600 人，伤残 30300 人，失踪 3400 人。

在这次战争中，德军首次实施“闪击战”，显示了坦克兵团在航空兵配合下实施大纵深、快速突击的巨大威力。为了冲破敌方防线和扩大战果，德军还首次使用了重兵快速兵团——装甲师、装甲军和摩托化师与航空兵密切协同作战，扩大了进攻战役的纵深，提高了进攻战役的速度。

法国战地记者多热莱斯写道：“那里的宁静气氛令人惊讶。驻守在莱茵河畔的炮兵悠闲地观望着德国运送弹药的列车在河对岸来往行驶，飞机从萨尔区工厂冒烟的烟囱上空飞过也不投掷炸弹。很显然，最高统帅部最关心的是不要打扰敌人。”

——［法］亨利·米歇尔《第二次世界大战》

西线无战事

从 1939 年 9 月 3 日英法对德国宣战，到 1940 年 5 月 10 日德国进攻法国，长达 8 个多月的时间里，英法两国一直按兵不动，宣而不战，西线的欧洲异常平静。英国人称这段时间为“假战”，法国人称之为“奇怪的战争”，德国人则称之为“静坐战争”。

波兰战役爆发之后，英法两国在西线部署了 115 个师，而德国只有 23 个师，希特勒正在东线集中兵力进攻波兰，西部边境“只是一道纸屏”。如果英法真诚援助波兰，立即从西线进攻德国，德军将陷于腹背受敌的不利境地。但是，死抱着“绥靖政策”的英法却只求西线无战事。

对此，希特勒早已算定。在闪击波兰的前夕，德国陆军参谋总长哈尔德（Franz Halder）就在日记中写道：“元首很放心……他估计法国人和英国人不会进犯德国本土。”同时，希特勒也指示西线德军要极其慎重行事，“第一枪只能由敌人先放”。

而英法两国也根本就无意主动进攻。为了保证不出事，德法的士兵都用高音喇叭相互宣传，请对方放心自己绝对不会先开第一枪。有些地方的军队甚至大摇大摆地到河里洗澡，若无其事的士兵还用法国葡萄酒交换德国啤酒。英法飞机每晚都要在敌境内丢下许多东西，但不是炸弹，而是给熟睡中的德国人扔下成吨成吨的和平传单。

为了帮助无所事事的前线士兵摆脱无聊和空虚，1939 年 11 月 21 日，法国政府在军队中设立了“娱乐服务处”，负责组织前线军人的娱乐活动。11 月 30 日，法国议会讨论了给士兵们增加酒类供应的问题。1940 年，达拉第总理（Edouard Daladier，1884—1970）签署了一项“供作战部队用”的扑克牌免税法令。随后，又为军队送去了一万个足球。

军队的娱乐有政府照顾，而法国老百姓的又有谁管呢?

经过 1939 年严酷的冬天，许多法国家庭都因为有人被征兵而发生了经济困难，只有公务员和军火工厂的工人还能照常拿到薪水，勉强度日。空袭的警报往往平白无故地把城市居民从睡梦中惊醒。地下室已经改成了防空掩蔽所，纪念碑用沙袋加以保护，人们背着第一次世界大战时用的防毒面具四处游荡，内心充满了恐惧与空虚。

公众渴望听到爆炸性的新闻，各种荒唐的谣言满天飞。由于政府严厉管制新闻，人们转而收听外国广播，尤其是“德国电台的那个法奸”费尔多纳的广播，此人宣称：“背信弃义的英国把法国拖进了战争，英国人不打到法国人都死光是不会罢手的。”

实际上，英国人也不想打仗。张伯伦首相多次表示，英国不是在对德国人民作战，“我所希望的并不是军事胜利——我对这种可能性也深感怀疑——我希望的是德国内部的崩溃”。

遗憾的是，“德国内部的崩溃”等来等去一直也没有出现。相反，一连串的侵略成功之后，希特勒在德国的威望越发如日中天，一呼百应了。

与英法两国的无所作为相反，希特勒对自己的战争目标和现实形势都有非常清楚的认识。早在波兰战争结束之前，1939 年 9 月 27 日，他就对德军下达了准备在西线发动进攻的命令。他明确指出“战争的目的是击溃法国，并迫使英国投降，”从而在欧洲确立德国的霸权地位。同时，他也明白：“时间总的来说将不利于我们。敌方的经济潜力比我们大……因此要向西方进攻，越快越好。”

1939 年 10 月 9 日，希特勒又向德军下达了《西线作战的备忘录和方针性指示》。指示德军应在西线进攻，而不必考虑比利时、荷兰和卢森堡的中立问题。10 月 19 日，德军各军种总司令正式接到了在西线作战集中和展开兵力的训令，即闪击法国的“黄色方案”。

然而，在刚刚结束的波兰战役中，德军的运输汽车已经折损了 50%左右，而弹药库存和供应更是严重不足。截至 1939 年 10 月初，德军所拥有的备用弹药总共只够 28 天的战斗之用。德国工业还不能满足德军不断增长的军火需要。

德国陆军参谋总长哈尔德在 1939 年 11 月 3 日的日记中写道：“对于最高统帅部下令实施的进攻，没有一个高级指挥机关认为有胜利的把握。”希特勒也不得不同意这种看法。因此，进攻命令先后推迟了 30 次之多，一直拖延到 1940 年 5 月 10 日。

德国利用这一段“奇怪的战争”时期，加紧生产军事装备和弹药，迅速增强了德军的作战实力。从 1939 年 9 月到 1940 年 4 月，德军增补了 680 辆新型坦克。一些轻装师随着装备的增加而改编成了坦克师。陆军增配了 1368 门野战炮、2172 门新式迫击炮和 1630 门反坦克炮。空军增加了 1500 架作战飞机。德军员额新增 330 万人，新建立了 15 个军、31 个步兵师、9 个后备警备师。德军在西线投放的兵力也从 1939 年 11 月的 96 个师，猛增到 1940 年 5 月的 136 个师。

1905年挪威脱离瑞典独立，挪威议会投票决定挪威实行君主立宪制，并选举哈康七世为第一任国王。1940年德国入侵挪威，国王哈康七世拒绝投降，并说出一句彪炳史册的名言："一个民族如果屈服于外来侵略者，就不值得活下去！"

——［挪威］埃里克·普派《国王的选择》

北欧之战

波兰战役结束之后，德国和西方同盟的视线都不约而同地移向了北方。

而北方的丹麦、挪威和瑞典则在波兰的灭顶之灾中噤若寒蝉，感受到唇亡齿寒的悲凉。夹在咄咄逼人的德国和损人利己的西方同盟之间，这几个北欧小国进退维谷，惶恐不安，既不敢得罪交战的任何一方，又无力自保、无处躲藏。

尤其是丹麦和挪威，紧邻德国，兵少力弱，首当其冲。丹麦仅有5个小编制师和1支小舰队；挪威只有6个师，总计15500人，另有4艘岸防舰、30艘小型驱逐舰、9艘小型潜艇、11艘布雷舰和190架旧式飞机。

"匹夫无罪，怀璧其罪。"百姓的财物会招惹小偷的惦记，而小国的财富也会招来战祸。斯堪的纳维亚半岛的战略地位和战略资源，决定了德国和西方同盟都心存觊觎。自北欧海盗时代以来，挪威水道就是一条兵家必争之地。挪威沿海有很多峡湾，蜿蜒曲折，形成了一条南北走向、长达 1000 海里的隐蔽航道，进可以突入北大西洋，扼制海上交通，退可以藏兵百万，控制北欧的战略资源。

而斯堪的纳维亚半岛的铁矿石又是德国所急需的战略物资。德国每年要从瑞典和挪威进口 1100 万吨铁矿石。夏季里，这些铁矿石从瑞典港口经波罗的海运往德国；冬季波罗的海冰封后，则从挪威北部港口纳尔维克经过挪威水道运往德国。北欧的铁矿供应线几乎可以说是德国战争机器的生命线；如果断绝了北欧的铁矿供应，德国的军火工业就会成为无米之炊。

因此，德国和英法都在准备发动北欧军事行动，都希望抢先控制斯堪的纳维亚半岛。早在 1940 年 3 月 28 日，英法盟国最高军事会议便决定派遣远征军到挪威领海布雷。同时，英国外交部部长向挪威和瑞典大使宣布了盟国将禁止铁矿石运往德国。法国总理也主张尽快进兵挪威，以便牵制西线德军。

然而，德国的身手更加敏捷。还在 1940 年 3 月 1 日，希特勒就签署了入侵丹麦和挪威的作战计划，代号为“威悉河演习”。随后，德国海军总司令部迅速为“威悉河演习”组成了 5 个战斗群，调动 3 艘战列舰、2 艘重巡洋舰、5 艘轻巡洋舰、21 艘驱逐舰、22 艘鱼雷艇及 8000 名士兵，准备兵分五路，全面进攻挪威的纳尔维克、特隆赫姆、卑尔根、克里斯蒂安桑、阿伦达尔和奥斯陆。

而入侵丹麦则计划主要由德国空军实施，地面上派遣 2 个装甲旅，越过边境后向丹麦北部突进，同时派出小队空降兵在丹麦列岛占领桥梁和交通要道，再配合密集的空中轰炸，恐吓丹麦政府和人民。

1940 年 4 月 9 日凌晨 4 点 15 分，德军不宣而战，派遣 2 个装甲旅侵入丹麦边境，摩托化步兵在空军的配合下长驱直进，同时在日德兰半岛各战略据点和丹麦首都哥本哈根投下伞兵，一眨眼的工夫就顺顺当当地占领了丹麦领土。凌晨 4 点 20 分，德国公使伦特·芬克照访丹麦外交大臣蒙克的家，递交了一份要求丹麦投降的备忘录。5 点钟，丹麦国王克里斯蒂安十世（Christian 10，1870—1947）召开御前特别会议，6 点钟做出向德军投降的决定，号召人民“不要做任何抵抗”。

清晨 8 点钟，惊恐万状的丹麦人在无线电广播中听到一个德国军官宣读一份希特勒的呼吁书：德国保证丹麦领土的完整，而丹麦的经济将完全同德国连成一体，进行“友好合作”。当晚，丹麦议会一致赞成政府的投降决定，首相斯托宁（Thorvald Stauning，1873—1942）宣称：“但愿我国保持和平与秩序。我们期望公民安分守己。”

德军对丹麦的入侵在 4 个小时之内全部结束，只在个别地方发生了偶然的军事冲突，德军战死 2 人，10 人受伤。

在入侵丹麦的同一天，4 月 9 日凌晨 4 时 30 分，德国公使向挪威政府递交了令其投降的最后通牒，同时德国海军、空军和陆军出兵，7 个师共 14 万人进攻挪威，出动 1300 架飞机和战列舰 2 艘、巡洋舰 7 艘、驱逐舰 14 艘、雷击舰 8 艘、潜艇 35 艘和大量运输船进行支援。德军在奥斯陆、阿伦达尔、克里斯蒂安松、斯塔万格、埃格松、卑尔根、特隆赫姆、纳尔维克分别登陆，在奥斯陆、斯塔万格等地还实施了空降。

面对德军的大举入侵，挪威政府举棋不定，军队接到的命令仅仅是进行“局部而且是秘密的动员”，首都奥斯陆的海岸防御炮兵本可以击沉德国的登陆舰艇，但是却接到命令停止炮击。通往首都的道路畅通无阻。运载伞兵的德军飞机在挪威首都的福纳布机场和谢莱尔机场安然着陆。德国陆军未遇任何抵抗便乘坐征用来的挪威公共汽车和载重汽车开进了奥斯陆。

挪威政府和国王哈康七世（Haakon Ⅶ，1872—1957）拒绝了投降，皇室、政府和议员从首都向腹地撤退，20 辆载着黄金储备和 3 辆载着机密文件的卡车同时开出，逃往哈马尔。挪威的通敌“挪奸”头目维德孔·吉斯林（Vidkun Quisling，1887—1945）乱中夺权，发表广播讲话，宣布成立一个伪政府取代挪威的合法政府，要求挪威人民立即停止一切抵抗，并与德国缔结和约。吉斯林的篡权活动和缔约声明加剧了挪威国家和军队的混乱。

卑尔根、克里斯蒂安松、特隆赫姆等地也在毫无抵抗的情况下相继陷落。纳尔维克城虽然拥有重兵把守，却也是一枪未放就奉送给了德军。只有纳尔维克附近水域的 2 艘海岸防御舰进行了抵抗，但是很快便被德国的驱逐舰击沉了。

到 4 月 9 日中午，德军已经占领了奥斯陆、阿伦达尔、克里斯蒂安松、斯塔万格、埃格松、卑尔根、特隆赫姆和纳尔维克。挪威人口最集中的主要城市全部沦陷。主要的武器库、粮仓、参谋总部和各军区司令部的作战文件悉数落入德军手中。

危急关头，挪威军队临阵换将，任命奥托·鲁格（Otto Ruge）少将出任总司令。但是，鲁格将军一心期待西方盟国的支援，命令挪威军队只进行有克制的战斗，因此挪威军队的行动仍然是消极的。

撤离奥斯陆的挪威第 1 师本可以从侧翼反击立足未稳的德军登陆兵，但是该师却与惊慌的逃难人流混在一起涌向瑞典边境。官兵们开始集体开小差，到 4 月 14 日傍晚，该师虽未参加战斗，却已经只剩下了 1000 人左右。当晚，师长认为部队已失去战斗力，下令残余官兵全体越境逃入瑞典。

负责保卫奥斯陆、克里斯蒂安松和卑尔根的挪威第 2、3、4 师也没有对德军进行丝毫的抵抗，就在指挥官们的带领下相继投降了。负责战略要地特隆赫姆的挪威第 5 师，则响应通敌分子吉斯林的号召，不经战斗就交出了至关重要的维纳斯机场，然后七零八落地向北部山区和瑞典边境溃退。而德军则乘胜追击到瑞典边境，在几天之内就消灭了第 5 师的主力。

德军先发制人、入侵挪威的行动，使得西方盟国处于惊慌失措的尴尬境地。尽管西方盟军的舰只距离挪威海岸不远，但是盟国之间的协调却非常不好，盟军之间没有组织联合行动的常设机构，盟国最高军事会议上各国又是自说自话。英国与法国一样，根本不准备为了挪威而同德国进行决战。因此，西方盟军对德军的反击从一开始就是软弱无能的。

4 月 12 日，第一批苏格兰步兵分队乘坐一艘巡洋舰开赴纳尔维克。随后，英国本土步兵第 146 旅和法国第 5 阿尔卑斯山旅也开赴挪威前线。盟军登陆部队由隶属英国参谋总部的麦克西将军指挥，海军舰队则由隶属英国海军部的科克将军指挥；而两人竟然接到了不同的作战命令：麦克西奉命不要冒险尝试登陆，科克却奉命不惜一切代价立即攻占纳尔维克。两人意见相持不下，盟军虽然拥有可观的兵力，却只能在纳尔维克附近按兵不动。

不过，唯一重大的海战还是发生在纳尔维克港。4 月 13 日，英国舰队在此击毁了德国 10 艘驱逐舰，而英国也从这次海战中得到了一个惨痛的教训：装备精良的战舰很容易被飞机击沉，如果没有制空权，则制海权几乎没有意义。英国海军的 5 艘航空母舰竟在挪威被德军击沉了 2 艘。

为了避免危及舰只，英国海军部修改了登陆计划，转到未被德军占领的纳姆索斯和昂达内斯登陆。然而，在毫无防护的海岸上，英国登陆部队依然遭到了德国空军的猛烈攻击，以至于被迫在两周后放弃了登陆。英国海军上将巴尔诺深有感慨地写道：挪威的战争实际上是一场“几乎没有飞机的海军强国与一个只有弱小海军的空军强国”之间的战争。英国的飞机太少了，最大规模的空袭也只能出动 100 架飞机，而德国派往挪威的飞机却有 1300

架之多。此外，德军已经占领挪威的机场，而英国飞机却要从 300 英里之外飞来。

5 月底，因为得到增援，西方盟军一度夺取了纳尔维克。但是，德军在 5 月 10 日发起了对法国的全面进攻，法国形势变得十分危急。西方盟军便于 6 月 2 日到 7 日匆匆撤走。被盟军抛弃的挪威军队残部于 6 月 10 日被迫投降，德军完全占领了挪威。挪威国王和政府流亡到英国。

挪威战役期间，挪威伤亡约 1700 人，英国伤亡约 4400 人，法国和波兰部队损失 530 人，而德军战死 1317 人，失踪 2375 人，伤残 1604 人。德空军损失 127 架飞机，西方盟军损失 112 架飞机。英国海军被击沉 2 艘航空母舰、2 艘巡洋舰、7 艘雷击舰、4 艘潜艇，法国和波兰被击沉雷击舰和潜艇各 1 艘。德国海军损失 3 艘巡洋舰、10 艘驱逐舰、4 艘潜艇、10 余艘小型船只，“沙恩霍斯特”号和“格奈森瑙”号两艘战列巡洋舰受到重创。至 1940 年 6 月底，德国水面主力舰只仅存 1 艘重巡洋舰、2 艘轻巡洋舰和 4 艘驱逐舰能够用于海战。

凭借挪威战役，德国保住了至关重要的铁矿石运输线，巩固了德国北侧的防御，还获得了众多战略据点。德军占领挪威兵临瑞典边界，使中立的瑞典在外交上全面倒向德国，允许德国经其领土向纳尔维克地区和芬兰北部运送军队和物资。

同时，德国的军事胜利也警告了其他的欧洲小国：反对德国是不明智的。罗马尼亚领会了这一点，同意向德国供应更多更廉价的石油。墨索里尼也对轴心国的侵略梦想表现出了更大的热情，他在 4 月底写信给德国元首说：“意大利的舰队已做好战斗准备。”

5 月 15 日，意大利扩大征兵范围，到夏季将拥有 200 万武装人员。挪威的战败促使意大利加入了对法国的宰割。墨索里尼以自认的使命感表示：“当别人在创造历史之际，我不能袖手旁观。”

德国把装甲师当作剑来使用，锐利强劲，能迅速将敌阵切割得七零八落，从而把战术胜利转化为战略胜利。而法军却被第一次世界大战的经验所蒙蔽，依然活在过去，根本不理解现代是机器与速度的时代。

——［德］冯·古德里安《闪击英雄》

“黄色”方案

希特勒认为，“战争总是以全部消灭对方而告终的”。因此，早在入侵丹麦和挪威之前，1940 年 2 月 24 日，德军统帅部便颁发了准备西线攻势的“黄色”方案：击溃西方盟国的北方集团军，将其逼至英吉利海峡并加以歼灭，占领荷兰、比利时和法国北部；以占领地区为基地扩大对英国的海战和空战；彻底击溃法国军队，迫使法国退出战争，逼迫英国缔结有利于德国的和约。

到 3 月 7 日，德军的进攻准备已经全部就绪，只是因为挪威的战事才拖延下来。

到 5 月 10 日发动进攻之前，德国已经动员了 500 万人，其中 350 万人处于一级战备状态。德军的主要兵力已经在西线展开，分为 3 个集团军群，共计 136 个师，包括 10 个坦克师、7 个摩托化师和 46 个正规师，另有 2 个不完全的装甲师，是用在波兰缴获的武器装备起来的，空中配备 2 个航空队予以支援。留在东线苏联边境上的只有 10 个师，并且大部分是预备师，足见《苏德互不侵犯条约》的重要意义，也显示了德国押注苏联的笃定。

德军的总司令是元首希特勒，由德军最高统帅部协助。最高统帅部由三军参谋部联合组成，凯特尔将军（Wilhelm Keitel，1882—1946）任总参谋长，约德尔将军（Alfred Jodl，1890—1946）副之。地面部队由陆军总司令冯·布劳希奇上将（Walther von Brauchitsch，1881—1948）指挥。

西线 3 个集团军群中的 A 集团军群由龙德斯泰特上将（Karl Rudolf Gerd von Rundstedt，1875—1953）指挥，集中于西线中部，承担主攻任务，准备从雷特根至德国、法国、卢森堡三国交界处的一条宽 170 公里的地带实施突破。

该集团军群编有 45 个师，其中包括 7 个坦克师和 3 个摩托化师，战役行动由第 3 航空队予以空中支援。这是一支强大的装甲突击力量，用于向西方盟军最薄弱的色当防御地段实施突然袭击。

在北海沿岸至亚琛之间展开的 B 集团军群由冯·博克上将（Fedor von Bock，1880—1945）指挥，编有 29 个师，其中包括 3 个坦克师和 2 个摩托化师，任务是占领荷兰，突破比利时的防御，将英、法、比军队赶出安特卫普一线，牵制西方盟军的兵力。战役行动由第 2 航空队予以空中支援。

在南部洛林、阿尔萨斯和瑞士北部的齐格菲防线展开的是 C 集团军群，由冯·李勃上将指挥，编有 19 个师，任务是实施积极的佯攻来迷惑法军指挥部，以便在马其诺防线和莱茵河一带牵制尽可能多的法国军队。同时，该集团军群还负责保障突击集团的南翼安全。

另外，德军还留下了 42 个师做预备队，预定用于持续增强主攻方向上的突击力量。第 2、3 航空队的任务是夺取制空权，破坏西方盟军的指挥，直接支援进攻中的兵团。在德军地面部队进攻前 20 分钟内，出动 1/3 的航空队轰炸靠近前线的盟军机场、司令部、通信中心和交通枢纽。进攻开始后，德国空军则全力支援陆军各兵团，特别是在主攻方向上突击的装甲军。

“黄色”方案的宗旨是速战速决。德军统帅部极力避免重蹈第一次世界大战的覆辙，当时德军被法军阻挡在马恩河，战争变成了旷日持久的阵地战。这一次，德军希望利用突然袭击，集中使用坦克和飞机，在主攻方向上形成压倒性的绝对优势，以便速战速决。

然而，“黄色”方案也充满了冒险性，赢得这一战役的关键完全取决于德军能否顺利通过崎岖狭窄的阿登山脉。阿登山脉遍是峡谷，重岩峻岭、树木丛生，道路狭窄逶迤，途中还有一些瓶颈似的桥梁，完全是易守难攻的天险。约德尔将军后来在纽伦堡受审时承认，如果法军不向比利时推进而是坚守阵地的话，庞大的德军主攻部队很容易在此受阻，那么“整个战役就可能失败”。

遗憾的是，西方盟军对德军这一作战计划事先毫无察觉。法国情报机构知道德军在自北向南调动，并且在莱茵河中部地区进行架桥活动，但是，法国参谋部并没有理解这些情报的重要价值。

法国陆军总司令甘末林上将（Maurice Gustave Gamelin，1872—1958）认为，德军不可能在阿登地区发动进攻，因为“德国没有足够的兵力和兵器突破该地区的屏障马其诺防线”，他推测德国可能经过比利时或瑞士对北面或南面的英、法军队实施突击。因此，法国指挥部把英、法军队派到比利时平原上去，在远离法国边境的地区建立牢固的防御。

西方盟军的计划从一开始就建立在持久的阵地战的假设之上。而德国准备的却是一场闪电战，一马平川的比利时平原只不过是一个次要战场而已。直奔比利时阵地的西方盟军如同一株自己拔松了树根的老树，以便更容易让狂风把它吹倒。

那么，西方盟军到底握有多少可以御敌的兵力呢?

1940 年 5 月之际，法国动员了 570 万人，其中 60 万人为外籍军团。在西北战线上，法国布置了 224 万守军。另有 7 个师扼守毗邻意大利的阿尔卑斯山，8 个师驻守北非，3 个师布防在近东，3 个师在挪威作战。与西线德军对垒的有 94 个法国师，加上 10 个英国师。

在纸面上，英、法盟军在兵力上只是略逊于德军；如果加上比利时的 22 个师和荷兰的 9 个师，则西方盟军的兵力还略占优势。

然而，双方的装备差距却十分明显：3 个法国装甲师对阵 10 个德国装甲师，35 个法国正规师对阵 46 个德国正规师。法国步兵人员不满额，装备也不齐全，防空设备半新半旧。运输主要依靠征用来的民用车辆，型号参差不齐，数量严重不足，主要的运载动力仍是马匹。

而英国到1940年5月时，仅仅动员了150万人。英国远征军的很多士兵直到抵达前线才受完军训。英军的装备也不齐全、不充足，既缺乏防空和反坦克武器，又缺少摩托化和装甲部队，总共只有2个坦克营。但是，英国几乎把所有的军官和装备都派到法国去了。

至于西方盟军的指挥，则连法军自身也没有一个全军最高统帅。甘末林将军负责地面部队的指挥，他还是国防部总参谋长，但职权仅限于在三军参谋部之间进行协调。法国海军和空军实际上是各自为政的。三军联合作战依靠三军司令部分散在各地的指挥所之间定期而又迟缓的联络。结果是指挥系统职权分散，责任不明，混乱不堪，根本无法形成头脑清醒、果断协调、积极主动的作战行动。

此外，西方盟军立足于战略防守，坐等德军进攻，兵力分散在漫长的防线上；只有等战斗打响很久之后，才能判断哪里是主要战区。盟军59个师布防在莱茵河沿线的马其诺防线后面，需要等到战局展开后才能决定如何调动。向比利时平原进军的41个师，其中只有15个正规师，远不是德军进攻部队的对手。

而在整个战役的关键部位——色当地区，盟军的防御更是一塌糊涂。法国指挥部一直把阿登山脉看作敌人无法逾越的天险，所以只派了 1 个正规师和 2 个预备师防守蒙梅迪，防守色当的则是一个 B 级预备师，防御工事也很差，掩体都是在冬季仓促修建的，往往连门和射击口都没有。

从理论上说，西方盟军在战斗开始后，还可以调动预备队去堵塞任何防御缺口。法国内地留有 25 个步兵师和 2 个装甲师作为预备队，但是，要把这些部队集结起来，用火车运送到增援地点，下车整队，开赴前线，至少需要 4 天时间。不幸的是，由德国的摩托化部队和强大的空军所实施的闪电战，根本不容许这些法国预备队慢吞吞地投入战斗。

更为可怕的是，西方盟军与德国在如何使用自己的武装力量方面，观念大不一样。就装甲车辆的总数而言，双方相差无几，英、法两国可以动用 2280 辆现代化装甲车，德国可以动用 2800 辆。双方的坦克质量也大致相同，都是新式老式兼用。但是，双方对如何使用装甲车的观念却是大相径庭。

德国把装甲师当作剑来使用，锐利强劲，能够迅速将敌方阵线切割得七零八落，从而把战术上的胜利转化为战略上的胜利。因此，装甲师已经从普通陆军中脱颖而出，升格为德军的主攻部队，其他兵种都要从属于它。为了完成一项进攻任务，通常由几个装甲师组成一个装甲军，集中攻击一道狭窄的战线。装甲军后面辅助若干摩托化师提供支援，配备固守阵地所需要的军事装备，等待后续步兵的到来。

而法军参谋部却一直为第一次世界大战的经验所蒙蔽，依然生活在过去的时代里，根本不理解现代是机器与速度的时代。甚至在波兰遭到闪电战的袭击后教训已经昭然若揭的时候，法军指挥官们还是转不过弯来。法国陆军总司令甘末林振振有词地表示："装甲师用起来十分笨重。它们也许能突破我们的防线，可是我们可以马上从后面把突破口弥合起来，然后用预备队把它们击溃。我们的路子更为明智。我们将把坦克作为步兵前进时的辅助力量来使用。"

由于装甲师在观念上被定位为步兵的辅助力量，法军对装甲部队的建设很不重视，对其运输工具和后勤保障都缺少安排。为装甲师加油的油罐车毫无防御，在战场上又无法"贴近坦克"。反坦克炮挂在老式牵引车后面，跑得比坦克慢。坦克里的电池一用光，无线电联系立即中断，结果整个装甲部队很快就成了无法指挥的一盘散沙。

在空军方面，西方盟军与德国的力量对比和使用观念也是灾难性的。1940 年 5 月的时候，法国只有 1000 多架飞机，其中 600 架是战斗机，轰炸机仅有 100 架。英国拥有 1500 架飞机，但是驻在法国的只有 350 架。而德国空军则可以出动 4000 多架飞机，投入西线战场的就有 3600 多架，其中轰炸机 1500 架，战斗机 1000 架，俯冲轰炸机 340 架。

在兵力使用上，德国空军编成大部队——大机群和空军师，一部分执行独立作战任务，在军事行动开始之前，侦察并轰炸敌人领土上的目标；战术空军则划归德军总司令部统一指挥，确保陆空两军紧密配合。如此一来，进攻中的装甲师就可以迅速得到战斗机或俯冲轰炸机的空中支援，展开立体突进。同时，德军还将火力强大的高射炮部队直接调到前沿，在坦克战或扼守战略要地时迅速织起防御网。

面对优势显著的德国空军，法国空军首先关注的是如何保存实力，因此严格限制白昼轰炸行动。英国空军主力依然留在本土，归皇家空军指挥，对法国的支援需时既久，加油又很困难。而且，盟军对装甲师与空军之间的配合作战既缺乏相应的观念，也没有具体实施的准备和手段。

1939 年圣诞节前夕，希特勒慷慨开恩，赏给每位德国妇女一双长袜，每个德国男人一条领带。整个德国经济完全转入战争的轨道。德国的铁甲部队已经做好了发动另一场闪击大战的准备。

法国为什么会战败？因为这是一场不公平的竞争：法国不可能挡住体量远比自己庞大又不顾长远经济拼命扩军的邻居。法国的失败在战前就注定了。

——［英］约翰·诺里奇《法兰西全史》

色当之战

“奇怪的战争”使西线战场上的盟军度过了 8 个多月的平静时光，漫长的阵地上弥漫着一派和平的假象。

1940 年 5 月初，仍有 15%以上的盟军官兵正在休假。部队在靶场和训练中心悠闲度日，司令部无忧无虑，深信德国人不会贸然进攻。但是，1940 年 5 月 10 日拂晓，希特勒向德军下达了进攻的命令，悍然宣称：“从今天开始的这场交战，将决定德意志民族今后一千年的命运。”凌晨 5 时 35 分，德军首先对荷兰、比利时和卢森堡发动了进攻。

法国陆军总司令甘末林将军接到荷兰和比利时的求援消息后，命令盟军向比利时进军，同时命令法国第 7 集团军向荷兰推进。盟军各精锐部队相继调离了德军预定突击的主攻地段，德国空军对西方盟军的调动未加任何阻拦。

盟军整个军事行动从一开始就迈错了步子，主力调往了比利时，而德军的主力却在盟军防守最薄弱的色当地段展开了突袭。法国的机场、指挥所、军需仓库和重要工业城市遭到大规模的轰炸，德国装甲兵的推进速度出人意料。冯·克莱斯特将军（Paul Ludwig Ewald von Kleist，1881—1954）命令德国装甲部队："不得休息，不得松懈，不得左顾右盼，只得随时警戒，日夜兼程前进；利用首战出奇制胜，务使敌人乱作一团，处处措手不及，无情地困扰敌人；心中只记住一个目标：突破。"

驻守色当的是"逃跑将军"亨茨格上将（Charles Huntziger，1880—1941）指挥的法国第2集团军，该军共有5个步兵师，其中2个还是B级预备师；而防守的阵线长达50英里，平均每个师要防守10英里的地段。按规定每个师应装备52门反坦克炮，但是，此地每个师却只有10门大炮，每英里仅有8门炮用来对付德国的坦克兵团。色当阵地的工事也相当糟糕，设备不齐全，钢炮、枪眼遮挡和堑壕都严重不足。

以如此虚弱的步兵师对阵德国主攻部队的7个装甲师，无异于螳臂当车。然而，庞大的德军主攻部队要顺利通过阿登山脉也不是轻而易举的。这里山路崎岖而又狭窄，公路两旁遍布峡谷和村庄，都可以充作守军的堡垒。而德军车辆众多，仅古德里安将军（Heinz Wilhelm Guderian，1888—1954）指挥的先头部队乘用的战车就有1万多辆。事实上，德军部队伸展得犹如一条蜿蜒的长蛇，当其头部已经抵达马斯河时，尾巴还拖在莱茵河上。如果遇上一支掌握了制空权的空军，很容易就会打它一个落花流水。

可是，盟军的飞机当时正在比利时作战，并且已经损毁大半。在色当地段的上空，只有德国的飞机在嗡嗡作响。

盟军在撤退的途中实施了一些爆破行动，减缓了德军的推进速度。但是，盟军并没有在爆破的地区加以防御，所以德国工兵在不受打扰的环境中迅速地修复了前进的道路，以至于德军很快又把损失的时间追了回来。

5 月 10 日拂晓，德军毫不费力地度过了奥尔河和苏雷河。5 月 11 日，法国第 5 轻骑师在撤退途中，未能炸毁塞穆瓦河上的所有桥梁。德军在 12 日顺利度过了塞穆瓦河。在整个进军途中，德国空军一路为其装甲兵团提供掩护，前方的抵抗中心统统遭到了毁灭性的轰炸。德国轰炸机的垂直俯冲和震耳欲聋的爆炸声，使得法国士兵军心大乱，惊慌失措。

根据法国战略家们的估计，德军至少需要 9 天才能打到马斯河，而实际上德军只用了 3 天就达到了。5 月 12 日傍晚，古德里安指挥的德军出现在马斯河河岸上。色当东郊陷落了，但马斯河上所有的桥梁已被炸毁。

负责阻挡德国先头部队——2 个装甲师渡河的只是一个法国轻骑兵师，总共只有 33 门反坦克炮。这支法军甚至还没有来得及进入阵地，就已经被打得溃不成军了。飘荡在马斯河上用以堵塞河道的法国驳船，恰好为德军提供了架桥的支架。而与马斯河平行的运河上的桥梁，全部完好无损地落入德军之手。

5 月 13 日，德军开始轰炸马斯河对岸的法军指挥所、机枪掩体、火炮阵地和交通道路。轰炸每隔几小时就重复一次，以便掩护乘橡皮艇强渡马斯河的德国坑道工兵和步兵。同时，德国第一装甲师很快就突破了法军阵线，在歇梅里建立了一个纵深 3 英里的突出部据点。

5 月 14 日，英、法盟军出动 170 架飞机袭击德军在马斯河上架设的浮桥，结果仅仅破坏了 3 座浮桥，而盟军却损失了 85 架飞机，侥幸飞回来的飞机也被打得体无完肤。

5 月 15 日下午，古德里安已经完成了突破法军前沿的任务，决定执行第二项任务，挥师西向，直扑英吉利海岸。此时，古德里安孤军冒进，其侧翼赫然暴露在已经逃回内地的法国第 2 集团军的打击之下；但是，亨茨格将军只担心保不住通往巴黎的道路，没有心思去抓住反扑的战机。这位逃跑将军不但不进攻，而且主动撤退，未经战斗就把西埃尔与马斯之间 100 个小型要塞拱手让给了德军，以自己的行动扩大了马斯河以南的德军突出部据点。

也是在 5 月 15 日，法军司令部终于明白了局势最危险的地区在哪里。甘末林将军命令开进比利时的军队停止前进，立即撤回法国；同时，命令法军装甲兵向色当地区反攻。可惜，法国第 3 装甲师分散在长达 12 英里的战线上，已经几乎荡然无存了，要想重新集结成一个师，给车辆加上油，及时派上用场，只不过是一句空话而已。于是，法军司令部重新搬用第一次世界大战的老办法，决定在坦克的支援下，发动一次传统的步兵攻势。结果，反攻战斗变成了 16 辆法国坦克与德国反坦克炮之间的一场局部炮战。

5 月 15 日深夜，也即交战 5 天之后，甘末林将军向法国政府报告说：德军已经突破了法军的防御，并以大量兵力开进了突破口，他对巴黎的安全“不再承担任何责任”。

当德军入侵荷兰时，威廉明娜女王向全国发表宣言《火红的抗议》，鼓励人民保持发自良知的警惕和镇定，勇敢地抗击敌军。4 天后，女王率领王室和内阁逃往英国。此后女王在伦敦通过无线电广播，号召全国人民坚持战斗。1945 年初荷兰解放，女王回国，获誉“抵抗之母”。

——［荷兰］威廉明娜《寂寞但不孤单》

荷兰、比利时陷落

夹在德国与英、法之间的中欧小国荷兰、比利时和卢森堡，特别害怕招惹希特勒，一有机会就郑重声明“本国置身于战争之外的坚定决心”，幻想通过严守“中立”来消灾避难。因此，在开战之前，它们一直顽强地拒绝与英、法进行任何有关联合防御的商谈。

荷兰的主要城市、工业中心和大部分人口都集中在马斯河、伐尔河与莱茵河 3 条大河之间。荷兰军队共有 35 万人，编为 8 个步兵师、1 个轻装师和 1 个特别师，部队总体上装备较差，缺少训练。

早在 1939 年以前，荷兰便做出决定：一旦遭到德国的入侵，就放弃东部、南部和北部的大部分国土，退守盖尔德与乌德勒支两省交界处的格莱伯一线阻击敌人，然后退到老荷兰——“荷兰要塞”去，用传统的放水泛滥的办法来阻挡德军。

1940 年 5 月 10 日，德军不宣而战，发动进攻之前，荷兰已经通过驻柏林的武官获得了德军即将入侵的消息。估计德军可能空投伞兵，荷兰便提前在机场和公路上设置了障碍物；然而，事实证明，荷兰的防御准备远远不足。德国伞兵虽然未能一举占领荷兰王宫，但是却轻而易举地夺取了海牙近郊的 3 个机场，并在鹿特丹、穆尔杰依克、多尔雷德赫特等地成功构筑了工事。

马斯河上的 2 座桥梁也不费吹灰之力便落入了身穿荷兰军装的德国伞兵手中。滑翔机、运输机和降落在伐尔河上的水上飞机不断地运来新的德军增援部队。大兵压境之际，荷兰军队的士气一触即溃，仓皇越过江河障碍，退往“荷兰要塞”。

5 月 13 日，德国第 18 集团军的装甲师开始向“荷兰要塞”发动进攻。当日，荷兰女王威廉明娜（Wilhelmina Helena Pauline Maria，1880—1962）授权荷军司令在适当的时机宣布投降，然后，便携同大臣们登上了一艘英国驱逐舰，流亡英国。

5 月 14 日，德军要求鹿特丹投降，但是，荷兰军队拒绝了德军的最后通牒。随后，鹿特丹遭到了轰炸，风助火势，整个市中心陷入一片火海，25000 多栋房屋被毁，上千人死亡。

尽管荷兰当局大声呼救，然而，西方盟国的援军却一直杳无踪影。5 月 15 日上午，荷军司令部下令停止抵抗。

比利时的情况也很危急。5 月 10 日，德军进攻前夕，比利时军队共有 65 万人，编有 18 个步兵师，其中 6 个是正规师，另有 2 个摩托化骑兵师、1 个重炮师、2 个阿登山区猎兵师和 3 个战斗机团，186 架飞机，但是没有坦克和防空装备。

自从 1930 年起，比利时已经做好了打算，一遇战事便撤退到安特卫普至那慕尔一线。因为这里是最短的防御线，可以保卫“国家堡垒”。比利时人称呼这条防线为“KW 线”，名字取自防线两端的两个村庄克林斯霍特和瓦福。

5 月 10 日，比利时投入 12 个师扼守阿尔贝运河，6 个师保卫“KW 线”。阿尔贝运河宽 60 米，两岸陡峭，是一道天然的外围防线，可以掩护整个比利时的国土。如果阿尔贝运河防线被突破，比军将全部撤到“KW 线”和“国家堡垒”中去。

在比利时的防御计划中，另外还分出 1 个骑兵师和 1 个轻步兵师组成“K 分遣队”，负责炸毁阿登山区的道路和桥梁，然后撤回马斯河，进入“KW 线”上的阵地。而阿登山区正是德军预定的主攻地段。

5 月 10 日，比利时的“K 分遣队”执行了爆炸任务之后，不等法军赶来接管阵地便匆忙撤走了。当法军开到这里时，发现他们前来增援的友军已经走掉了，士气大为沮丧。比军和法军不仅严重高估了阿登山脉的防御价值，友军之间缺乏合作也给德军创造了轻松突破的便利条件。

而比利时自以为固若金汤的阿尔贝运河防线，也被德军空降兵轻松突破了。阿尔贝运河上有 3 座重要的桥梁，比军设置了严密的防御，预先埋设了地雷，桥梁附近还有一座高出运河 130 多米的钢筋混凝土炮台。该炮台配备 4 个装甲炮塔、4 个暗炮塔、12 个反坦克炮阵地和大量机枪巢，守军 1200 人，炮台内储备了可供 30 个昼夜使用的粮食和弹药。

5 月 10 日拂晓，300 名德国伞兵冷不防从天而降，居然将阿尔贝运河上的 2 座桥梁毫发无损地占领了。火力威猛的炮台也同时受到了 85 名德国伞兵的突然袭击。原来这些德军伞兵事先早已采用大小相同的模型演习过多次，无怪乎他们干得准确而又迅速。事后，比军又被德军在战线后面投下的假伞兵所迷惑，既没有去收复桥梁，也没有去救援炮台。到 5 月 11 日清晨，阿尔贝运河上的桥梁和附近的炮台都落入德军的手中。

5 月 12 日，前方的比军放弃马斯河沿岸阵地，冒着德军飞机的狂轰滥炸，撤入了“KW 线”阵地。法国第 7 集团军的几个机械化师也匆匆赶到，进入比军左侧的阵地。英国远征军也赶到了比军右侧的野战阵地。

5 月 13 日，盟军与德军的战斗在日昂布鲁打响了。法军远道赶来，在坦克方面又处于劣势，情报不灵，空军支援不足，战斗打得十分吃力，但还是守住了阵地。直到 5 月 15 日，德军仍被阻于卢万和日昂布鲁两地。然而，当天下午，盟军接到了脱离战斗的命令，因为德军主攻部队已经在色当隘口突破了法军的防御，先头部队正向英吉利海岸方向扑来，在比利时作战的盟军有被德军从南面包围的危险。

此时，法国总参谋部如梦初醒，终于明白了德军的主攻方向不在比利时而在色当地区。于是，急令火速进入比利时的盟军火速撤回法国，真是“主将无能，累死三军”。

5 月 16 日，英国首相温斯顿·丘吉尔听到战局不利的消息赶来巴黎，询问法军总司令甘末林将军：“你们的预备队呢?”甘末林回答说：“没有。”接着就转头攻击东北方面军司令乔治将军失职：“我万万也没有料到，一个防守 500 英里战线的总司令，手里竟然会没有一支突击部队!”

第一次世界大战时，法国与英国结盟，死磕德国，伤亡惨重，国土变废墟。打赢了，英国继续当 20 年欧洲霸主。和谈时，法国要求彻底削弱德国，以免再与德国打仗。英国却要保持欧洲均势，拒绝削弱德国，还与美国一起援助德国复兴。如此盟友，这样的胜利，法国何以再战？

——［法］亨利·米歇尔《第二次世界大战》

敦刻尔克撤退

1940 年 5 月 15 日，德军突破马斯河之后，法国政府惊恐万状，决定撤往图尔，外交部开始焚烧档案。法国总理保罗·雷诺（Paul Reynaud，1878—1966）向英国首相丘吉尔发出求救电报："昨晚我们作战失败。通往巴黎的路已被打开。请把你们可以派出的全部飞机和军队派来。"

在被突破的地域，法国第 9 集团军向西溃退。古德里安指挥的德军先头部队则不顾上峰要求等待步兵跟进的命令，继续快速向西推进，直扑英吉利海峡。

5 月 16 日，古德里安的部队抵达马尔和蒙科内，遭遇仓促编成的法国第 4 装甲师的阻击，该师师长是前一天才上任的夏尔·戴高乐上校（Charles de Gaulle；1890—1970）。这个装甲师只有 3

个坦克营，缺乏运输工具，步兵也没有跟上来，昨夜刚摸进阵地，有些坦克还因为不明地形陷入了泥沼。激战到傍晚时分，第 4 装甲师两侧受到威胁，被迫退出战斗，撤往拉昂以北的集结点。

但是，溃退中的法国第 9 集团军却在 5 月 18 日傍晚落入德军的虎口，全军覆没，司令被俘。德军在圣康坦附近击溃了法军的几个掩护部队，再往西便已经没有了盟军的主力部队。至此，德军从越过阿登山脉，突破色当隘口、马斯河防线，一路向南、向西，进逼英吉利海峡，已经将盟军在比利时的部队与法国南部的部队拦腰切断。

德军挺进的速度非常之快，5 月 19 日已占领了堪培莱、皮龙尼和贝隆，20 日抵达亚眠。古德里安的指挥车跟随部队一路西进，沿途经过了无限漫长的难民行列，其间还看到法军的车辆居然也跟在德军纵队的后面飞跑，赶着逃回巴黎。

5 月 21 日，古德里安接到命令挥师北进，以占领海峡诸港口为目标。5 月 22 日，德军在迪斯夫利斯、沙美尔和包罗根遭到法军的有力阻击。在这些地方，德军遭到了盟军空军的猛烈攻击，而德国空军因为基地遥远而难以提供支援。激战一直持续到 23 日，德国步兵用梯子爬城，才攻入包罗根城区。24 日，德军越过海岸与荷尔奎之间的阿运河，包围了古老的海上要塞——加来港。此时，古德里安的坦克军距离英吉利海岸上最后一个大港——敦刻尔克只有大约 20 千米。

敦刻尔克当时是被分隔在比利时的盟军的唯一补给线和海上

退路。英国远征军每天所需的2000吨弹药和军需供给全都要从英国海运过来，经敦刻尔克上岸。而当时驻守在阿运河抵抗德军坦克兵团的只有盟军的一些零星兵力——6个没有炮兵的步兵营。如果德军继续前进，攻占敦刻尔克，盟军北方集团将面临被彻底包围、全军覆没的危险。

万幸的是，希特勒在5月24日出现在德军“A”集团军群司令部，听取了战区司令龙德斯泰特将军的汇报，紧急命令德军“停止前进”，原地待命。希特勒为什么会在关键时刻“叫停”，一直是历史上的一个谜团。各种解释都有，历史学家们分析的原因主要有两点：一是说希特勒根据第一次世界大战的经验，担心坦克部队陷入佛兰德的沼泽地，有必要保存坦克师的实力，以备随后用于法国南部的战役；二是说一向喜欢吹牛的德国空军元帅戈林向希特勒保证，他的空军可以单独解决敦刻尔克和加来港。

不论原因是什么，希特勒的紧急“叫停”确实给几十万盟军提供了极其宝贵的撤退时机，虽然盟军此前已经挥霍了太多的时间和战机。

大约在一周之前，5月16日，惊慌失措的法国总理雷诺将83岁的贝当元帅（Henri Philippe Pétain，1856—1951）从驻西班牙大使的任上召回巴黎，又从贝鲁特召回了73岁的魏刚上将（Maxime Weygand，1867—1965）。每位法国人一听到这两个人的名字就立刻想起第一次世界大战的胜利，老将出山好像保证了历史会重演一样。

然而，法国却不愿意想起：这两位民族英雄曾经长期负责治理法国的军队，法军所采用的陈旧过时的作战理念和方式正是他们的杰作，而这正是法国目前遭受挫败和不幸的重要根源。

5 月 19 日，雷诺总理临阵换将，解除甘末林的职务，任命魏刚为法军总司令。而魏刚当时对战况一无所知，只晓得敌人已深入腹地，但是完全不了解盟军的兵力和动向。魏刚想亲自了解前线情况，因此不能做出任何决定，盟军的战役指导暂时中断了。

5 月 21 日，魏刚飞到伊帕尔，打算召开各战区指挥官会议。但是，英国远征军司令戈特将军（Viscount Gort，1886—1946）未能到会。魏刚与比利时国王利奥波德三世（Leopold Ⅲ，1901—1983）、法国第 1 集团军群司令比约将军讨论了局势，建议组织被德军分割的各集团军向南反突击，与南部索姆河一线的法军主力会合。魏刚委托比约将军负责落实突击任务，然后就飞回了巴黎。

魏刚走后 2 小时，戈特将军才赶到伊帕尔。比约将军转达了魏刚的意图。之后，比约将军在返回司令部的途中遭遇车祸身亡。法军第 1 集团军司令布朗夏尔接任第 1 集团军群司令。

5 月 22 日，盟国最高军事会议在万森举行，魏刚阐述了他的反突击计划，并宣称：“德军已坠入陷阱，只要盖子一关上，他们就必将被消灭。”盟国最高军事会议批准了魏刚的计划。

然而，5 月 21 日深夜，当两个法国师在阿拉斯地区发起进攻时，英军却在迫使德军后退了几千米之后停止了前进，25 日深夜撤离了阿拉斯。法军也随即撤退到杜埃、拉巴塞、贝顿三运河地区。被逼到海边的盟军企图与南部法军主力会合的第一次也是最后一次尝试，就这样收场了。

事实证明，盟军经不起艰苦环境的考验。当时，戈特将军关心的主要是保存英国远征军。其实，早在5月17日，他就下令一些英军后勤部门撤回英国。5月19日，英国海军部也已着手制订从敦刻尔克撤退的计划。丘吉尔在盟国最高军事会议上大谈英法友谊，却对英军的撤退计划只字不提。

英军在25日的撤退行动就像是一条想要溜走的鱼，引发了渔夫重新拉紧渔网的警觉，停滞了3天的德军在26日接到了继续向敦刻尔克推进的命令。盟军也在当天放弃了同法军主力会合的企图，开始向敦刻尔克撤退。而戈特将军也接到了英国政府同意实施英军撤出法国的“发电机行动”的电报。

5月27日，比利时国王利奥波德三世“看不出”继续与德军作战有什么“意义”，决定投降。28日，比利时签署了无条件投降书，将武器装备完好地交给了德军，比军全部成了俘虏。

比军投降后，余下的法军和英军被德军封闭在敦刻尔克附近不到60平方英里的“口袋”里。德军轰炸机从27日起便开始猛烈轰炸敦刻尔克，但是，英国空军也派出了所有的后备战斗机来保卫滩头阵地、登船点和停泊的船只。27日，仅仅撤走了7700名英军。

英国海军部集中了693艘军舰，还征用了大量的商船和渔船。法国海军部也组织了15艘驱逐舰、20艘其他舰艇和近200艘民用船只来撤退法国军队。海岸居民点的许多摩托快艇、游船、疏浚船、拖网船和帆船也都参加了拯救盟军的工作。

5 月 28 日，英军撤走了 17000 人，但是海滩上仍有大量的士兵等着上船，而这些士兵的给养也需要用船运来。5 月 29 日，救走了 47000 人。戈特将军决定丢弃所有的武器。按照他的指示，英军不许携带武器的法军进入海滩，法军因而未能撤退。后经法军指挥部要求，英军才同意每天给法军提供 5000 人的舱位。

到 5 月 30 日，英国远征军已经全部撤到环形滩头了，而阵地则完全由法军负责保卫。此时，已经有 12 万英军回到了英国，法军仅仅撤走了 6000 人。5 月 31 日，戈特将军也离开了法国，留在敦刻尔克的英军只剩下 3 个师，6 月 2 日深夜最后一批英军也登船撤走了。

6 月 4 日清晨，德军攻占了敦刻尔克，4 万法军被俘。敦刻尔克的陷落结束了德军在比利时和法国北部的战略性战役。荷兰和比利时军队几乎全部被俘。

法国 28 个师被击溃。法军炮兵损失了 1/4，轻型和重型坦克损失了 1/3，中型坦克损失了 3/4，7 艘驱逐舰和 30 多艘辅助扫雷艇被击沉。英国远征军损失 68000 多人，丧失了全部的重型装备，包括 2450 门火炮、6400 支反坦克枪、11000 挺机枪、75000 多辆汽车、50 万吨军用物资和弹药，224 艘舰船被击沉，106 架飞机被击落。今后，英国军队不得不白手起家了。

敦刻尔克撤退总共撤走了 33.8 万人，其中英军 21.5 万人，法军 12.3 万人，还有一些比利时人。“发电机行动”为盟军保存了一支重要的有生力量，为盟军未来的胜利留下了必要的实力。

希特勒选择1918年贡比涅停战车厢作为《德法停战协议》签字地，就是为了洗雪1918年的耻辱。而协议前言却写道："德国无意以此羞辱一位如此英勇顽强的对手。"

——［法］亨利·米歇尔《第二次世界大战》

法国投降

敦刻尔克大撤退为英国保住了一支军队，但是，也暴露了英法两国对当前战争的不同认识。法国是在自己的国土上决一死战，而英国则是在打这场战争的第一阶段。对英国来说，法国只是第一道战线，英吉利海峡是第二道防线，到了紧要关头，英国还有大西洋和美国的堂兄弟们做最后的堡垒。

6月4日，也即敦刻尔克战事结束之日，法国元帅贝当与美国大使布列特（William Christian Bullitt Jr，1891—1967）在巴黎共进午餐，就毫不掩饰地表达了内心的不满：由于英国人的过错，战争已经打败了；英国乐于法国打得一个人也不剩，然后安全地躲到那个不可逾越的反坦克障碍——海峡后面去。

英国远征军撤走之后，法军对德军的劣势变得更加明显了。法军总共只剩下71个师，人员和装备都已经在战斗中遭到严重削弱。而德军则拥有140个师，并且根据新的"红色战役"计划，重新进行了编组和部署，做好了迅速突入纵深，“歼灭盟军在法国的残余兵力”的准备。

6 月 5 日拂晓，德国空军对索姆河防线上的法军实施了猛烈的轰炸。随后，冯·包克集团军群发起了地面进攻。6 月 7 日，德军在瓦兹河与索姆河的分水岭处突破了法军的防御。到 6 月 9 日，隆美尔指挥的德军前锋已经抵达鲁昂郊区，法国第 10 集团军的侧翼受到无情的“卷击”，形成了又一次大溃退。贝隆以南的法国第 7 集团军也被迫退往巴黎。

6 月 9 日当天，龙德斯泰特集团军群在香巴里发动了进攻。6 月 10 日，古德里安的坦克部队击溃了法国守军，成功地渡过了埃纳河。此时，法国在马其诺防线与勒阿弗之间只剩下 24 个师。如果说法国还没有战败的话，那么，地面部队也已经没有了还手之力，完全落入被德军肆意追打的境地。

而在法国的上空，德军已经掌握了全部的制空权。德国远征轰炸机在毫无抵抗的情况下，大肆轰炸巴黎、里昂、圣艾蒂安以及远至法国南端的马赛。飞机从头上轰鸣着掠过，令居民们惊恐万分。数以百万计的老百姓从法国北部、东北部朝着西面和南面逃亡，形成一片广袤无垠的人海，把沿途村镇和城市的居民席卷而去。各式各样的交通工具，汽车、摩托车、马车和自行车拥挤在道路上，像蜗牛一样蠕动着，挣扎着向前奔走。

撤退中的部队也混杂在难民潮中间。士兵们丢弃了武器，开小差已经成了普遍现象。德国飞机不分青红皂白地用机枪向平民和军人扫射。惊慌失措的官员们抛弃职守，有的跑在辖区居民的前头，有的跟在居民的后头。

地方政府已经荡然无存，市镇里没有了警察、清洁工和消防队员。精疲力竭的难民们随处支起帐篷，露宿野地，防备着抢劫和骚乱。德军达到后，发现的是一片真空地带；于是宣传说：“我们是来帮助被法国政府抛弃的老百姓的。”

6 月 10 日，法国政府放弃首都，宣布巴黎为“不设防城市”，开始了四处流亡。起先，还打算把政府安在图尔，但是只待了 4 天，就又被驱赶到了波尔多。官员们年纪都不小了，逃亡途中备受煎熬，疲惫不堪。部长们之间及其所属部门之间的联系都已经中断了。人们如饥似渴地探听消息，却只能从心慌意乱的同胞那里风闻一些谣言。

6 月 11 日，英国派来一个加拿大师在法国登陆。当日，在布里阿尔召开了盟国最高军事会议。丘吉尔答应增派英军来支援法国，但是拒绝增派空军。魏刚报告说，因为没有预备队，他将无法继续进行有组织的战斗，无力制止敌人占领法国全境。

6 月 12 日和 13 日，法国政府在图尔附近举行会议，魏刚公开提议投降。6 月 14 日清晨，德军开进巴黎，法国政府大厦楼顶飘起了纳粹的万字旗。当日，英国政府决定停止运送增援部队，尽快将留在法国的英军重新撤回本国。6 月 15 日，英国通知魏刚，英国远征军不再归他指挥，但是如果法国愿意的话，英国愿意协助法军乘船撤离。英军随即开始第二次撤退，并很顺利地撤走了

15 万人，其中包括 2 万波兰人和 310 门大炮。

与此同时，英国开始关注“法国遗产”的归属问题。法国的崩溃留下了一大片“无主”殖民地。丘吉尔最担心法国的殖民地，特别是北非地区，落入德国手中。因此，最好在英国组织法国流亡政府来控制法兰西帝国。另外，法国舰队的归属也令英国担忧。如果德国攫取了法国舰队，将会改变海上力量的对比，增加对英国的威胁。

为了劝阻法国投降，丘吉尔在 6 月 16 日建议，把英、法两国联合成为一个宪法统一、国籍统一、政府和议会统一的“牢不可破的英法同盟”。然而，此时在法国政府内部，以贝当元帅和魏刚将军为首的投降派已经占据了上风。丘吉尔的建议被否决了。当晚，法国总理雷诺向勒伯伦总统递交了辞职书，并提议由贝当接任总理。贝当随即组建了法国新政府。

6 月 17 日，贝当政府的第一次内阁会议只开了 10 分钟，便一致决议请求德军停战。随后，不等德军答复，贝当就发表了广播讲话，号召法国军民“停止战斗”。6 月 18 日，贝当政府下令法军放弃所有 2 万人以上的城市，不得在市内和郊区进行抵抗和破坏。

柏林了解到贝当上台并打算与德国签订停战协定后，却不急于作答，反而利用法军停止抵抗之机，全面加速进攻。6 月 17 日和 18 日，古德里安相继拿下了圣迪齐埃、朗格勒、贝桑松、蓬塔利斯和贝尔福。隆美尔的部队在西边的雷恩俘虏了法国第 10 集团军的残部，占领了布雷斯特、圣纳泽尔、南特和瑟堡，继续向尼奥尔推进。

6 月 20 日，德军建议法国停战代表团到图尔会晤。6 月 21 日，以亨茨格将军为团长的法国代表团被送到了贡比涅森林里的雷通火车站。22 年前，即 1918 年 11 月 11 日，法国正是在此地一节白色车厢内迫使战败的德国接受停战条件的。德军从博物馆中搬出这节车厢，放在当年停放的地方；希特勒在当年法国元帅福熙乘坐过的车厢里接见了法国代表团。

6 月 22 日，亨茨格将军代表法国政府签署了停战协定。根据协定，德国占领法国的大部分国土，包括法国最发达地区的北部、中部和大西洋沿岸地带。德国占领军费用由法国政府承担。法国南部仍由贝当政府管理。

至此，西线的战役以法国的惨败和德国的胜利而结束。其间，法军战死 8.4 万人，被德军俘虏 154.7 万人。德军战死 27074 人，失踪 18384 人，伤残 111043 人。

二战期间，意大利是著名的猪队友。意大利军队看似勇猛，实则欺软怕硬，战斗力低下，笑料不断，最典型的例子就是意大利炮兵击落自家的飞机，弄死了自己的空军元帅。

——［法］亨利·米歇尔《第二次世界大战》

意大利参战

二战初期，墨索里尼不愿意过早参战，希特勒多次邀请其参战，都被推脱。眼看着法国兵败如山倒，墨索里尼心潮澎湃，唯恐赶不上瓜分胜利的果实。

美国总统罗斯福（Franklin Delano Roosevelt，1882—1945）呼吁墨索里尼“保持地中海免遭战火”；法国大使弗朗索瓦—蓬塞则更加恳切地表示，愿意做出任何让步：“我们什么都可以讨论。”

然而，墨索里尼严词拒绝了各种和平提议，对意大利总参谋长巴多格里奥元帅透露说：“我只要付出几千条生命作代价，就可以与胜利者同桌而坐。”

意大利外长齐亚诺答复法国大使说：整个意大利，上至国王下至老百姓，都对法国深恶痛绝，“墨索里尼对通过和谈从法国收回任何领土的建议毫无兴趣，他已决定对法宣战”。

1940 年 5 月 30 日，墨索里尼通知希特勒：意大利将于 6 月 5

日投入 70 个师进攻法国。但是，希特勒不想让意大利分享太多的战果，便要求墨索里尼推迟几天。

6 月 10 日，法国政府撤出巴黎，防御全面崩溃。墨索里尼等不得了，当即对法国和英国宣战，从背后戳了法国一刀。

意大利的进攻部队由王储乌姆贝托亲王指挥，共计 22 个师，32.5 万官兵、3000 门火炮、3000 门迫击炮。而驻守在法、意边境的法国阿尔卑斯集团军只有 6 个师，共计 17.5 万人。但是，法军占据工事良好的防御阵地，而意大利部队则集中在狭窄的山谷中，难以展开。

宣战后的前 3 天，6 月 11 至 13 日，意大利陆军都没有发动积极的进攻战斗。意大利空军拥有 1870 架作战飞机，却只对比塞达、土伦和法国的几个机场进行了空袭。英国空军则轰炸了意大利威尼斯附近的储油池。

6 月 14 日，意大利在边境地区发动了局部进攻。15 日和 16 日，意大利部队发动了猛烈的攻势，但是到了 17 日，意军的攻势就被法军的反击压住了。

6 月 20 日，意军在阿尔卑斯山脉发起总攻，遭到了法军炮火的痛击。到了 21 日和 22 日，意军只攻占了少数法军前沿工事。23 日开始，双方在芒通发生激烈战斗，32 万意军被 17 万法军牵制不前。而就在前一天，法国已经与德国签订了停战协定。墨索里尼因为没有能够在停战前捞到大片的法国领土而暴跳如雷。

不过，希特勒并没有撇开他的伙伴不管。6 月 23 日，法国代表团乘德国飞机来到罗马，于次日签订了《法意停战协定》。意大利瓜分了法国 832 平方千米的领土，居民 28500 人。法国同意拆除法、意边境上纵深 50 千米的防御工事，解除土伦、比塞达、阿亚克修、奥兰港、阿尔及利亚、突尼斯以及法属索马里的武装。

二战期间，希特勒共授予 26 位将军为元帅军衔，只有一位称为“帝国元帅”，他就是 26 位元帅之首戈林。早年希特勒发动啤酒店暴动时，戈林为希特勒挡了一枪，身受重伤。希特勒上台后，戈林平步青云，深受重用与信任，成为纳粹第二号人物。

——［美］威廉·夏伊勒《第三帝国的兴亡》

不列颠空战

法军放下武器之日，德国人似乎擦去了 22 年前战败的耻辱，希特勒也攀上了人生的顶峰。自 1918 年以来，法国军队一直像是悬挂在德国人头上的一柄利剑，如今法国的威胁已经被完全消除了。英国也被赶出了欧洲大陆。

1940 年 7 月 19 日，德军所有高级将领都被召到柏林，出席国会的开会典礼，希特勒正式宣布西线战役已经结束，同时任命了数位陆军元帅和 1 位海军元帅。

陶醉在胜利的气氛中，希特勒满心以为只要不要求英国割让领土，英国就会乐于缔结结束战争的和约。

8 月 3 日，希特勒通过瑞典国王向英国提出了“议和”的试探。丘吉尔的答复是斩钉截铁的一个“不”字。

当时的英国，能够用于自卫的兵力只有 26 个师，而且没有多少武器，英国陆军的武器装备差不多都已经丢在了敦刻尔克。英国本土的坦克只有 217 辆，空军也只有 446 架战斗机和 491 架轰炸机，很多机组人员不齐备。防空部队严重缺乏高射炮兵，装备的火炮只有编制的一半。

唯一略感安慰的是，英国的海军比德国海军强大些。另外，丘吉尔一直将希望寄托在把美国拖进对德战争中来。美国政府对参战问题迟疑不决，但是给了英国一些援助。1946 年 6 月，英军收到一批过时的美国武器：50 万支步枪、2.2 万挺机枪、895 门野战炮、5.5 万支冲锋枪。

英国历史学家利德尔·哈特写道："美国尽可以'打气'，使英国勉强继续'浮着'。"丘吉尔对当时的危险局势也认识得很清楚，他后来说："1940 年只要有一支 15 万人的精锐部队来进攻我们，就会使我们国破家亡。"

而德国最高统帅部也确实在 1940 年 7 月 16 日便颁发了准备对英国实施登陆战役的第 16 号训令，代号为"海狮"战役。但是，希特勒并不认为有必要在英国登陆作战。他分析说："如果我们击溃英国，整个大英帝国就将崩溃，但是德国不会从中得到任何好处。为了击溃英国，德国人要付出血的代价，但是坐收渔利的将是日、美等国。"

德国军界上层也对入侵英国的计划心存怀疑。龙德斯泰特元帅认为，这个计划"无非是在政治上虚张声势"。因此，德军参谋部一再修改、推迟和中止"海狮"计划，后来则演变成了突袭苏联的西线佯攻。

然而，为了敦促英国政府“诉诸理智”，缔结有利于德国的和约，德国必须“显示实力”。新荣升帝国元帅的戈林（Hermann Wilhelm Göring，1893—1946）认为，不必派遣陆军登陆，空中进攻就可以吓倒英国，逼迫英国派来“恭顺”的议和代表团。

1940年8月1日，希特勒签署了对英国进行空战和海战的第17号训令。戈林随即将8月13日定为发起空袭的“鹰日”。进攻任务交给了基地设在法国北海沿岸、比利时和荷兰的德国第2、3航空队，指挥官为德军最彪悍的空军元帅阿尔伯特·凯塞林（Albert Kesselring，1885—1960）。这两个航空队共有1480架轰炸机、760架单引擎战斗机、220架双引擎飞机和140架侦察机。

而经过两个多月的喘息之后，英国空军的实力也有了一定的补充，战斗机增加到700架，轰炸机达到500架，防空高射炮也增加到1800门。更重要的是，除了天空上飘浮着的2200个气球构成的防空阻塞网之外，英国人还独占了雷达这一技术发明，建立了一系列的雷达站，能够探测到60英里之内的敌机。英国还破译了德国轰炸机的控制系统，找到了实施干扰的方法。

自8月13日起，德国空军的目标主要是打击英国航空兵，突击英国机场、指挥所和雷达站。

8月15日，发生了一次大规模的空战。德国轰炸机出动了520架次，战斗机出动了1270架次；英国空军也投入了创纪录的兵力，出动了22个航空中队，共计899架次。空战的结果是，德军损失了 76 架飞机，英军损失飞机 34 架。

第二天，德军又派来了 400 架轰炸机和 1320 架战斗机。到 8 月 18 日，德军共损失了 367 架飞机，而英军仅损失了 213 架。

8 月 19 至 23 日，英国上空云层厚密，战斗暂歇。

8 月 24 日至 9 月 6 日，天气转晴，德军每天出动约 1000 架次，其中轰炸机出动 250 至 400 架次。但是，英国空军并没有像希特勒所希望的那样被歼灭，而是在继续顽强地抵抗。

为了迫使英国投降，戈林决定从 9 月 7 日起采取“恐怖攻势”，将轰炸重点从空军设施转向英国的大城市。这项决定给了英国空军一个短暂的喘息之机。现在轮到英国居民来经受严酷的考验了。当日晚 8 时到次日清晨 7 时，德军不间歇地轰炸伦敦，投下了 300 吨爆破炸弹和 13000 颗燃烧弹。

随后是整整两个月的狂轰滥炸，德国轰炸机平均每天飞来 250 架次，在伦敦上空倾泻成吨成吨的炸药和燃烧弹。成片的街区变成了灰烬，城市到处是浓烟和大火。伦敦人都钻进了地下室，饭店和夜总会的地下室也对人们开放。

在极端困难的日子里，丘吉尔表现得镇定而又乐观，总能恰到好处地激励同胞们满怀自豪地行动起来。他说：“我能奉献给你们的，只有热血、辛劳、眼泪和汗水。”但是，当德军来袭的时候，他说“我们正等着德国人呢”，略停一下之后又说，“连海里的鱼也在等待”。他也到硝烟弥漫的伦敦废墟去探访，用手指打着表示胜利的 V 字手势，使被轰炸得无家可归的人们感到宽慰和开怀。而伦敦的百姓也不乏幽默感。据说，一位裁缝每次轰炸后就立即在门上贴一张“开门营业”的纸条。一天夜里，裁缝铺的门被炸飞了，他只好在门框上贴上纸条：“敞门营业”。

既然“恐怖攻势”吓不倒英国人，德军从 11 月 14 日起又将空中进攻的重点转向了英国的工业中心。11 月 15 日深夜，飞机工业中心考文垂几乎被夷为平地。之后，一直到 1941 年 2 月中旬，德军又进行了 31 次大规模轰炸，其中 14 次袭击港口、9 次袭击内地工业城市、8 次袭击伦敦。

1941 年 4 月下旬到 5 月初，德军又集中对伦敦进行了 3 次密集轰炸，投下了创纪录的爆破炸弹。尔后，对英国的空袭就只是偶尔为之了。不列颠空战终于不了了之。其间，由于德国空军的袭击，英国死亡约 4 万人，受伤 4.6 万人，100 多万栋住宅被炸毁。英国空军损失了 915 架飞机，德国也损失了 1733 架飞机。

二战中，加拿大是盟军的专属炮灰，超过100万加拿大人浴血奋战在欧洲战场，5万加拿大女兵参战。加拿大陆军发挥了重要作用，海军是盟军第三大海军，空军是盟军第四大空军。

——［法］亨利·米歇尔《第二次世界大战》

海洋上的战事

几个月来，德国空军的狂轰滥炸严重地削弱了英国本土的生产和战略储备，进一步加深了英国对其自治领以及海外援助的依赖。海上航线的保障对英国生死攸关。

英国对德国宣战之后，加拿大自治领也随之宣战。但是，彼时的加拿大完全是农业经济，军队只有4500人。不过，加拿大成了英联邦飞行员的训练基地，还向英国提供了30万吨的商船队，1940年初开始建立飞机工厂和海军造船厂，为英国生产军需装备。

澳大利亚和新西兰两个英联邦成员也提供了力所能及的援助。1940年年底，1个新西兰师和4个澳大利亚师开赴埃及，守卫对英国海上运输至关重要的苏伊士运河。

南非受到纳粹种族主义者的影响，事情不大顺利，政府不许军队到非洲以外作战。但是，南非还是追随英联邦对德国宣了战。

印度要求英国给予自治地位，才肯参加对德国的战争。丘吉尔拒绝了，转而采取强暴的手段监禁了印度的民族主义领袖，直到 1941 年 2 月印度才派出 8 个师到埃及。

总的来说，大英帝国这台庞大的机器还是动员起来支援母国了。从波兰、挪威、荷兰、法国、比利时和希腊撤退到英国的船舶也有大约 1600 艘，为英国增加了将近 700 万吨的运输和护航能力。

然而，英国海军的护航任务仍然困难重重。德军在大西洋水域布下了大量的水雷，英国被迫投入 700 多艘扫雷艇，日夜不停地维护航线。而海上运输队通常以 30～40 艘船舶为一组，以平均每小时 10 海里的缓慢速度笨重地行进着，每 10 艘货船只能得到 1 艘小型护卫舰或驱逐舰的保护。

德国潜艇此时已经获得了更多的装备和几乎整个欧洲大陆西海岸的基地。1940 年 6 月，活动在大西洋上的德国潜艇平均为 12 艘，另有几艘意大利潜艇。到 1941 年 5 月，德国潜艇增至 40 艘，其中最大的一艘为 800 吨级，航程远达 15000 海里。

大多数潜艇的速度比商船更快，能够在不同的地点接二连三地袭击运输船队。而且德国空军能够准确地侦察到运输船队的位置，通知潜艇预先设伏或者追击。因此，英国船舶的损失非常惨重。1940 年每月损失高达 34 万吨，1941 年 4 月更上升到 65 万吨，数量比英国和加拿大的造船厂正在建造的还要多。

1940 年冬季，德国又派出辅助巡洋舰和重型舰只参加袭击海上运输船队。为了阻击德国潜艇和舰只，英国海军不得不分散力量、搜遍海洋。

1941 年 5 月，德国重型战列舰俾斯麦号也投入了海上袭击行动。但是，当俾斯麦号击沉英国胡德号战列舰之后，也遭到了英国航空母舰胜利号和皇家方舟号的追击，受到重创后被英国诺福克号巡洋舰击沉。此后，德国停止派遣军舰进入大西洋，仅以潜艇继续袭击运输船队。

法国投降之后，英国政府对法国舰队的去向忧心忡忡，唯恐德国得到这支舰队从而形成不利于英国的海上力量对比。在外交努力失败之后，丘吉尔做出了夺取法国舰队的决定，命令英国海军实施了针对昨日盟友的“弩炮”战役。当时，法国舰队分散停泊在法国的土伦、北非的米尔斯克比尔、北非的阿尔及尔、西非的达喀尔、埃及的亚历山大和英国的朴次茅斯、普利茅斯等港口。

1940 年 7 月 3 日，英国地中海舰队司令坎宁安上将（Andrew Browne Cunningham，1883—1963）向法国驻亚历山大港的分舰队提出最后通牒，法国舰队司令戈德福鲁瓦上将接受最后通牒、解除了舰队武装。同一天，英国海军武力夺取了停泊在普利茅斯、朴次茅斯和法尔莫斯的法国舰艇，扣押了法国水兵。

但是，当日清晨在米尔斯克比尔发生了悲剧。法国分舰队司令让苏尔上将拒绝了英国分舰队司令萨默威尔上将（James Somerville，1882—1949）的最后通牒，结果英国舰队开炮击毁了法国战列舰“布列塔尼号”，重创战列舰“普罗旺斯号”和“敦刻尔克号”，1297 名法军战死，351 人受伤。战列舰“斯特拉斯堡号”和

3 艘舰队驱逐舰在大雾弥漫中突围，逃向土伦。随后几天里又遭到英国航母飞机的袭击，受到严重损毁。7 月 8 日，英国一支海军中队重创了在达喀尔的一艘新造的法国战列舰“黎塞留号”。

在保护大西洋航运的同时，意大利的参战也增加了英国海军在地中海的战斗负担。虽然意大利海军只是一支二流的海军，既没有航空母舰，又缺少先进的雷达、瞄准设备、猎潜舰艇和两栖作战小艇，几乎是一支又瞎又聋的舰队，敌人可以侦查到它，它却在受到袭击前对敌情一无所知。

但是，意大利的空军可以对其海军的不足做出一些弥补。1940 年 6 月，意大利空袭了距离西西里 60 海里左右的英国海军基地马耳他岛，迫使英军撤出了地面部队、潜艇和飞机。然而，英国后来发现意大利的空袭并不严重，便于 11 月又把大批兵力调回了马耳他岛。12 月份，德国调来 400 架飞机，加强了对马耳他的轰炸。

1940 年 7 月 9 日，英国海军与意大利海军在地中海发生了一场遭遇战，一艘意大利战列舰和一艘巡洋舰被击沉，等到意大利飞机赶来支援时，战斗已经结束了，而意大利飞机却在匆忙中把一些炸弹扔到了自己的舰队上。7 月 19 日，英国海军又在克里特附近击沉了一艘意大利巡洋舰。

1940 年 11 月 11 日，英军实施了一次大胆的袭击，一支庞大的舰队驶过地中海中部而未被发现，辉煌号航母派出 24 架飞机在夜间轰炸了停泊在塔兰托港外的意大利战列舰，重创了 6 艘战列舰中的 3 艘，炸毁了 2 艘巡洋舰。次日一整天，意大利空军也未能侦察到英国舰队的踪影。

意大利随后将剩余的舰只调到了那不勒斯，活动范围自限于西地中海，不敢再进入东地中海了。塔兰托的胜利改变了地中海的力量对比，极大地鼓舞了英国人的士气。

1941 年 2 月 6 日，英国另一支舰队从直布罗陀出发，佯装驶往大西洋之后，悄然掉头驶向热那亚。于 9 日清晨，突然袭击了热那亚港。意大利出动了 200 架飞机，却始终未能找到英国舰队。

南斯拉夫摄政王保罗在战争爆发前，忧心忡忡地对英国首相说：“南斯拉夫受到侵略后将进行抵抗，但只可能坚持 14 天，而后便要遭到蹂躏，还要牺牲 200 万人民。”南斯拉夫的高级军官，对德国坦克部队的威力恐惧万分，近乎谈虎色变。这正是南斯拉夫王国拥兵 120 万人却 11 天就被德军击败的原因。

——［法］亨利・米歇尔《第二次世界大战》

鏖战巴尔干

自从参加战争以来，意大利的侵略计划无一例外地遭到了挫折和失败，野心勃勃的墨索里尼备感沮丧和耻辱。加上妒忌希特勒的胜利，墨索里尼极度希望依靠自己的力量来赢得一场战争。

1940 年 10 月 15 日，意大利最高统帅部制定了进攻希腊的训令：计划从阿尔巴尼亚境内出发向希腊发动偷袭，攻占希腊西北省份伊庇鲁斯，然后进攻雅典和萨洛尼卡；同时派遣登陆部队，侵略希腊的科孚岛。

意大利动用了 2 个军，包括 6 个步兵师、1 个坦克师、1 个山地师和 1 个独立战役集群（3 个团），共计 8.7 万人、163 辆坦克、686 门火炮、380 架飞机，并出动 54 艘大型舰艇和 34 艘潜艇保障海上进攻，配合登陆行动。

而希腊在伊庇鲁斯和马其顿的防御力量有12万人，包括15个步兵师、1个骑兵师和4个步兵旅。希腊海军拥有1艘装甲舰、1艘巡洋舰、9艘舰队驱逐舰、8艘驱逐舰和6艘潜艇。希腊空军拥有156架飞机。但是，常驻希、阿边境的部队只有2.7万人，20辆坦克、220门火炮和36架飞机。

1940年10月28日，意大利军队越过边境，侵入希腊领土。前两三天里，意军只遭遇了希腊的少数边防部队。但是，11月1日，意军遭到了希腊军队的猛烈反击，经过两天的战斗，意军被赶回了阿尔巴尼亚境内。11月6日，意大利外长齐亚诺在日记中写道："在战役进行的第8天，主动权就落到了希腊人手中，这是事实。"11月7日，意大利最高统帅部下令停止进攻，准备新的进攻。于是，战事暂时平静下来。

希腊战役爆发后，英国根据1939年与希腊签订的援助协议，在11月1日派遣部队登陆克里特岛，借此机会改善了英国在地中海的战略地位。

11月14日，希腊军队开始从西马其顿发起全线反攻。11月21日，意军被迫全线退却。为了掩盖尴尬处境，意大利宣传机构编造谎言说，希腊阻止意军战略撤退的企图遭到了失败。整个欧洲无不为之捧腹大笑。幽默的法国人还在法、意边境竖起了一块标语牌："希腊人，请就此止步，这里已是法国。"

12月4日，希腊军队继续增兵，压向阿尔巴尼亚。英国潜艇也在奥特朗托海峡击沉了意大利船只。饱受压迫的阿尔巴尼亚人开始酝酿民族解放运动。前线的意大利军队竭力要求撤回本国。墨索里尼愁肠寸断，只好求助于希特勒。元首狠狠地批评了领袖，不过，还是答应了请求。

希腊人也在1941年2月8日向英国提出了援助要求。3月4日，英国开始从利比亚和埃及的后备军中抽调兵力，分批运送了一支6.8万人的远征军开赴希腊。但是，英军在希腊并没有发动积极的攻势，并且决定如果德国进攻，他们就尽快撤退。3月28日夜间，英国舰队成功地击沉了意大利3艘巡洋舰和2艘驱逐舰。

4月5日深夜，德军从保加利亚发动了对希腊的突然袭击。德军的装甲军和装甲师从背后包抄了进入阿尔巴尼亚的希腊军队。希军被各个击破，逃进了奥林匹斯山脉。面对德军的凌厉攻势，英军也望风而逃，未经战斗便仓促撤出希腊，与敦刻尔克的撤退相似，英军丢弃了全部武器装备。

4月18日晚，主张抗击德国的希腊首相科里齐斯自杀，希腊政府乱作一团。4月20日，希腊军队向德军提出停战请求；而直到这时，意大利军队还未能越过希腊、阿尔巴尼亚边境。4月27日，雅典被德军占领。希腊国王和政府逃往开罗，大部分希腊海军和商船队也逃到了亚历山大港。

5月20日，德军实施“水星”战役，突然动用550架运输机和60架重型滑翔机，投下了一整个空降师，包括3个山地团、1个装甲营和1个摩托营，进攻西地中海上的战略要地——克里特岛。当时该岛是英军在西地中海的最后一个据点，由大约 3 万英军驻守，其中包括新西兰第 2 师、澳大利亚第 2 师和英军坦克第 1 旅。守军面向大海，从天而降的德军却从他们的背后偷袭过来。

战斗到 5 月 26 日，新西兰师已濒临绝境，师长弗赖伯格将军下令丢弃装备，人员从海上撤退。但是，海滩上无遮无拦，白天根本没法躲避德军的空袭，只能在午夜到凌晨之间借助夜幕的掩护撤退。5 月 28 日至 6 月 1 日，英军又一次创造了惊人的撤退业绩，4 个晚上救走了 16500 人。不过，也付出了沉重的代价，大约 12000 人被俘，4000 多人战死，3 艘巡洋舰、6 艘驱逐舰被击沉，2 艘战列舰和 1 艘航空母舰被击毁。希腊战役的惨败再次暴露了英国的弱点：没有制空权，制海权几乎没用；海上障碍并非不可逾越。

在入侵希腊的同一天，1941 年 4 月 5 日深夜，德军出动了 800 架飞机突然轰炸了南斯拉夫的各主要机场和首都贝尔格莱德，地面部队 30 万兵力同时从 3 个地段越过保加利亚与南斯拉夫的边境。保加利亚政府刚刚在一个月前加入法西斯轴心国集团。

南斯拉夫军队当时拥有 120 万人，但是装备很差，自动武器不足，火炮都是旧式的，用马匹牵引。没有摩托化部队，只有 2 个坦克营，共计 110 辆旧式坦克。空军有 416 架飞机，一般是旧式的。通信设备也很落后。

德军坦克部队在空军掩护下，第一天就突入南斯拉夫 50 千米。到第二天傍晚，便打垮了驻守在马其顿的南斯拉夫军队。4

月 7 日，德军占领了斯科普里和斯蒂普。4 月 8 日，德军第 1 坦克群在索菲亚以西地区击溃了南斯拉夫独立第 5 集团军的抵抗，占领了尼什、阿雷克斯那次、帕拉琴和雅戈蒂纳，造成了对贝尔格莱德的威胁。4 月 10 日晚，德军占领重要城市萨格勒布，切断了南斯拉夫军队与希腊、英国军队的联系。当晚，南斯拉夫最高统帅部下令部队撤往塞尔维亚南部、黑塞哥维亚和黑山。

4 月 11 日，已于前一年加入法西斯轴心国集团的匈牙利也出兵侵入南斯拉夫。4 月 12 日，意大利军队攻入卢布尔雅那、德巴尔和奥赫里德。4 月 13 日，德军未遇任何抵抗便开进了贝尔格莱德，匈牙利军队也开进了诺维萨特。

4 月 15 日，南斯拉夫政府下令军队放下武器。4 月 17 日，扬科维奇将军代表南斯拉夫政府签署了无条件投降书。而南斯拉夫国王和政府在此之前已经逃往英国。

在整个巴尔干战役期间，德军共约战死 2500 人，失踪 3000 人，受伤 6000 人。南斯拉夫被俘官兵 37.5 万人，其中大部分被运往德国从事苦役。希腊军队被俘 12.5 万人。英国军队约有 12000 人受伤和被俘。

1940 年 9 月，德军总参谋部里流传着元首准备卷入意大利在非洲的冒险。大惑不解的隆美尔私下里向朋友古尔特·海斯保证说：“希特勒刚才亲自对我说，绝不给非洲提供一个人或者一个铜板。”

——［英］戴维·欧文《狐狸的踪迹》

沙漠之狐

在挑起巴尔干战火的同时，意大利又乘西欧各国忙于欧洲战事之际向非洲伸出了侵略之手。1940 年 6 月底，奥斯塔公爵指挥 10 万意大利军队从利比亚和埃塞俄比亚出发，发动钳形攻势，意图夺取埃及和苏丹，进而控制苏伊士运河及中东的石油资源。

当时，英军主要兵力集中在埃及，总数也只有 2 万多人。因而很多据点被意大利军队轻易夺去。8 月 12 日，意军攻入英属索马里，英军寡不敌众，于一周后全线撤退。意军随后又乘胜侵入了苏丹和肯尼亚。9 月 13 日，意军向埃及发起进攻，深入腹地 120 千米，16 日攻陷了埃及重镇西迪巴拉尼。此后，由于后勤补给困难，意军停止了前进。

实际上，这支意大利军队虽然野心大、人数多，但是实力却很可疑，装备相当陈旧，坦克很少，燃料有限，只有 6 个高射炮连和30架老式飞机。同时，因为孤军深入，意军与本土的联系已经断绝；在整个战事期间，后方只送来了一船大米和燃油。

1940年12月7日，英军调集15万人发动反攻，到16日收复失地，并进攻到利比亚边境。1941年初，英军在利比亚的托卜鲁克登陆，夹击从埃及撤退过来的意军。经过两个月的战斗，歼灭意军10个师，俘虏3.5万人。到3月15日，英军已收复全部失地，4月6日攻占了埃塞俄比亚首都亚的斯亚贝巴。奥斯塔公爵逃往安巴一阿拉吉高原，5月在当地投降。

意大利军队的节节败退，引起了希特勒的严重不安。1941年2月，希特勒派遣中将埃尔文·隆美尔（Erwin Rommel，1891—1944）统帅3万德军，组成“非洲军团”在利比亚登陆，援助意军；同时，派遣空军和海军进入地中海，封锁英军的交通线。

隆美尔是德军最具才华的将军之一，在法国战场上，他指挥的第7装甲师以推进神速、攻势勇猛而被称为“魔鬼之师”。他也是一个不知饥饿和疲倦的人，思想和行动同样敏捷，总是亲临前线。因为总是与士兵们同甘共苦，分担一切艰险，他也深得军心。盟军称其为“沙漠之狐”。

3月31日，隆美尔指挥德军4个师从阿拉盖以东地区发起进攻。4月15日，英军被逼撤退到埃及和利比亚的边境地区。随后，双方在埃及境内展开了近一年的拉锯战。

美国议员扬直言不讳地说："美国的工业实力加上英国的人力，不费美国一兵一卒，就能防止英国战败，而一旦打垮了侵略集团，就轮到美国充当首领，为世界指引道路了。"

——［苏］杰列维扬科《第二次世界大战史》

美国秣马厉兵

欧洲战争爆发后，美国秉持孤立主义传统竭力避免卷入战争。1939年9月5日，罗斯福总统（Franklin Delano Roosevelt，1882—1945）签署了美国《中立宣言》，同时禁止向各交战国出口军火和战争物资。

不过，基于传统关系，美国社会对英国和法国有广泛的同情。1939年9月的民意调查显示，80%的美国人希望英、法和波兰战胜，德国战败。11月初，美国国会修改了《中立法》，取消了武器禁运。批准实行"现款自运"原则，各交战国可以向美国购买军用物资，但是，必须支付现款并自行运输。

1940年夏季，法国战败的消息传来，美国人大为沮丧，美国政府也感到德国的扩张将会威胁到美国的利益。美国政府开始将工业经济转入战时轨道，并不断扩充和增强国防力量。而美国的中立政策也发生了有利于同盟国的转折。

6月14日，巴黎沦陷的当日，罗斯福总统签署法案：将美国海军舰只增加11%。6月15日，又下令开展最终制造出原子弹的科学研究。6月30日，美国制定出庞大的军备工作计划，规定应制造装备100万陆军的武器，储备可供200万军队使用的武器，建立可以武装400万军队的军工生产能力，航空工业每年应该能供应1.8万架飞机。7月3日，国会为此划拨了50亿美元。

7月19日，罗斯福签署了《两洋舰队法》，计划在未来5年内增扩海军70%，力图拥有一支能够同时在大西洋打败德国和意大利、在太平洋击败日本的海军。美国空军也计划扩编到210万人，军用飞机增加到10万架。这些军备计划清楚地透露出，美国准备进行长期的战争。

9月16日，美国国会通过了《义务兵役和军事训练法》，美国第一次在和平时期实行了义务兵役制。

到1941年6月30日，美国陆军兵力从一年前的26.9万人迅速增至146.2万人，编成26个步兵师、2个骑兵师、1个摩托化师、4个坦克师和215个职能团，装备8639架飞机、963辆坦克、7599门火炮、4852门迫击炮、15971挺各式机枪和92973辆汽车；空军从4.3万人增至16.7万人，编成45个作战航空队和6个运输队；海军从18.9万人增至33.9万人，拥有15艘战列舰、6艘航空母舰、1艘护航航空母舰、18艘重巡洋舰、19艘轻巡洋舰、168艘驱逐舰、113艘潜艇和400多艘辅助舰艇和船只。美国军队的技术装备扩张之快、水平之高，令所有参战国家为之汗颜和垂涎。

在加强自身战备的同时，美国也开始将英国看成抵抗德、意、日法西斯集团的“第一道防线”。罗斯福总统不断地发表“炉边谈话”，透过无线电波与美国人民促膝谈心。告诉他们，轴心国的胜利将会严重危害美国的利益：美国企业将会失去欧洲和亚洲的市场，法西斯扩张将会直接威胁美国的自由、民主和生活方式，因此，应该援助美国的前卫——英国。

而英国首相丘吉尔也很善于利用罗斯福的亲英态度，他不时地写信给罗斯福，语调越来越亲切。1940 年 9 月丘吉尔在信中告急：“按照现在的损失率，我们将不能支持很久了。”随后，在罗斯福的支持下，美、英两国政府达成协议：美国送给英国 50 艘旧的驱逐舰、20 艘鱼雷艇、150 架飞机、25 万支步枪，以此租借英国位于加勒比海的 8 个基地。

罗斯福认为，有了这些基地就像是给美国套上了“德国攻不破的钢环”。同时，美国也乘此机会把英国势力挤出了西半球。

1940 年下半年，随着英国军火订货的迅猛增长，英国的外汇和黄金储备逐渐枯竭。“现款自运”原则出现了问题：英国有船自行运输，但是已经没有现金付款。12 月 8 日，丘吉尔发出“他全部生涯中最重要的一封信”，紧急呼吁罗斯福给予援助。罗斯福立即表示谅解，并在 12 月 17 日的记者招待会上向美国人民指出，“英国自卫的胜利是美国最好的直接防御”，应该破除“对美元的迷信”，把战争物资租借给英国人。

1941 年 3 月 11 日，美国国会通过了具有重大历史意义的《租借法案》，授权总统把武器和战略物资出售、转让、交换、租借给所有有利于美国安全的国家，而不管它们是否有付款的能力。

与此同时，美、英军方也开始秘密协商两国军队在全球的战略协作问题。在美英联合会议上，两国制定了“ABC－1号”计划：认为德国是法西斯同盟的基本力量，应该首先予以击溃；等待欧洲战事胜利后，再来消灭日本。随后，美英军事合作转入具体行动。

1941年4月11日，罗斯福下令美国大西洋舰队的巡逻区域扩展到从格陵兰至亚速尔的整个大西洋西半部。美国军舰和飞机发现德国潜艇和巡洋舰后，将向英国通报德国舰艇的位置。因此，英国船只可以避免与敌舰遭遇，而当拥有足够护卫兵力时，则可以追击和消灭敌舰。

德国此时正在紧锣密鼓地准备进攻苏联，不想与美国开战。希特勒于4月15日指令德国海军避免与美国船只发生武装冲突。

到5月底，美国舰艇开始为英国运输船队全程护航。6月，英国舰艇获准参加美国运输队。7月，美国在冰岛建立了海军基地。就这样，美英合作逐步加紧。美国虽然还没有参战，但是，已经从中立国变成了英国的实际盟友，并且开始愿意支持所有抵抗德、意、日侵略的反法西斯国家。

希特勒荒谬地误解了苏联的国情，他认为："胜利的希望主要寄托在入侵必然会使俄国发生政治混乱，我们只要在门上踢一脚，这个腐朽的结构就会倒塌下来。"

——［苏］杰列维扬科《第二次世界大战史》

德国偷袭苏联

常言说"欲壑难填"，希特勒的侵略野心永无止境。早在西欧战事尚未结束之前，这位战争狂人就扬言，"与布尔什维克主义一决雌雄"，"必须把俄国从欧洲地图上划掉"。1940 年 7 月 21 日，希特勒命令陆军总司令布劳希奇元帅（Walther von Brauchitsch，1881—1948）着手准备对俄战争。

希特勒已经被西欧的胜利冲昏了头脑。他幻想继续利用闪电战的威力在两三个月内消灭苏联。12 月 5 日，德军参谋部制定了进攻苏联的作战计划，代号"巴巴罗萨"。12 月 18 日，希特勒批准了"巴巴罗萨"计划，要求对苏联实施突然袭击，用闪电战击溃苏联，在 6 周到 2 个月之内结束战争，最迟不得超过 1941 年圣诞节。

为了迫使苏联一举就范，希特勒还指示德军：对苏联老百姓"绝不心慈手软"，凡有反抗者均应枪决。对苏联红军中的政治委员和共产党员高级官员一经俘获，立即枪毙。

1941 年 6 月 17 日，希特勒最后下令，6 月 22 日执行“巴巴罗萨”计划。

山雨欲来风满楼。对于希特勒的入侵计划，苏联也不是毫无知情，完全没有准备。实际上，正因为看到了法西斯侵略战争的危险性，苏联才与德国签订了《苏德互不侵犯条约》，并且先后入侵波兰和芬兰等东欧国家，构筑了一条从波罗的海到黑海的苏联“东方防线”。在国内，苏联也大力加强国防建设，国防预算不断增加，一边加速军队的装备现代化，一边大力扩充军队。1940 年，苏军新组建了 9 个机械师，1941 年又新组建成了 20 个机械化师。到德军入侵前夕，苏联军队已经达到 500 万人的规模。在西部国境线上，苏联部署了 170 个师。

同时，苏联早在 1941 年初就陆续得到了来自美国、英国和苏联谍报人员的可靠消息，掌握了德国即将进攻苏联的详细计划。遗憾的是，斯大林坚信希特勒不会在短时期内撕毁《苏德互不侵犯条约》，固执地认为这类情报是虚假的“谣言”，是为了挑拨苏德关系，故意给希特勒发动战争“制造借口”。甚至在德国军入侵前夕，斯大林还在竭力避免“卷入战争”，对德国采取小心谨慎、迁就退让的态度。

1941 年 3 月 27 日至 4 月 18 日期间，德国侦察机先后 80 次入侵苏联领空，而苏联只是若无其事地发一个“抗议”照会。然而，鸵鸟政策并不能消除真实的危险。

1941年6月22日凌晨3时30分，德国炮兵不宣而战，突然对苏边防军驻地、指挥部发起了攻击，德国空军对苏联前沿机场、铁路枢纽和海港码头狂轰滥炸。凌晨4时，德国及其仆从国芬兰、罗马尼亚、匈牙利和意大利共190个师、550万兵力，3700辆坦克、4900多架飞机、4.7万多门各类大炮、193艘舰艇，从波罗的海至黑海的2000多千米的苏联国境线上，同时发起突然袭击，开始迅速侵入苏联境内。

入侵苏联的战争打响2小时之后，德国驻莫斯科大使舒伦堡才向苏联外长莫洛托夫递交“战书”，声称苏军在德国边境集结，使德国受到“不可容忍的威胁”，因此德国决定采取“预防性的”战争，宣布对苏联开战。

按照“巴巴罗萨”计划，德军兵分三路。冯·勒布元帅指挥北方集团军群从东普鲁士出发，沿波罗的海进攻列宁格勒；芬兰的15个师和3个旅从拉多湖以东配合德军进攻列宁格勒；冯·博克元帅指挥中央集团军群从波兰出击，沿明斯克、斯摩棱斯克向东北进犯莫斯科；冯·龙德斯泰特元帅指挥南方集团军群从卢布林和喀尔巴阡山脉出发，向基辅方向进犯，进而向顿巴斯地区推进。

战争的第一天，苏联西部有66个机场遭到德军袭击，1200架飞机被摧毁在地面上。当天许多苏联飞行员在休假，来不及应战和疏散飞机，前线地区的制空权完全落入德军手中。由于德军摩托化部队的快速切入，许多苏联部队被切割包围。入侵的当天，德军就深入苏联国境25到50多千米。

随后，德军疯狂地向苏联内地推进。在头三个星期，德军深入苏联腹地 500 多千米。到 7 月中旬，德军已侵占拉脱维亚、立陶宛、乌克兰和白俄罗斯的广大地区，逼近列宁格勒、斯摩棱斯克和基辅。这期间，苏军有 28 个师被击溃、70 个师的人员和武器损失过半、200 个军火库落入敌手。不过，德军也付出了伤亡 25 万人的代价，坦克损失一半，飞机损失 1000 多架。

苏德战争爆发时，德军的装备空前强大。仅当时世界第二大兵工厂捷克的斯柯达兵工厂生产的火炮，就几乎是当年英国所有兵工厂生产火炮的总和。

——［苏］杰列维扬科《第二次世界大战史》

闪电战失灵

德军的突然袭击和闪电战的确让苏联吃了大亏。但是，苏联可不是容易被打垮的小国，苏联当时拥有 1.7 亿人口，兵源远比德国多，也有足够的资源和经济能力来建立更加强大的武装部队。因此，德军的大举偷袭虽然让苏联震惊，却吓不倒苏联。

1941 年 7 月 3 日，斯大林向全国发出了“一切为了前线，一切为了胜利”的战争动员令。苏联军民迅速行动起来，展开了顽强的抵抗和英勇的反击。

7 月 10 日，德国中央集团军群的先头部队抵达斯摩棱斯克。此地距离莫斯科只有 370 千米，堪称莫斯科的门户。这里也曾是 1812 年拿破仑军队进攻莫斯科的一个可怕的障碍。苏军在此应敌的仅有铁木辛哥指挥的 24 个师，而德军进攻部队则有 29 个师；苏军每个师编有 8000 人，德军每个师却有 15000 人左右；德军的武器装备也远远优于苏军。

但是，苏联红军不畏强敌，勇敢地在斯摩棱斯克南北600千米、东西200千米的广阔战场上与侵略军展开了殊死搏斗。德军的每一步推进都不得不付出惨痛的代价。

7月13日，苏军在敌强我弱的情况下，毅然发动反击，渡过第聂伯河，夺回了罗加切夫、日洛宾，袭击了德军中央集团军群的南翼，牵制了德军8个师的兵力。

7月16日，德军攻入斯摩棱斯克，当地军民奋不顾身地与德军浴血奋战，用刺刀和手榴弹保卫城市的每一条街道和每一间房屋。随后，苏军又从预备队中调来了20个师进行反击。虽然未能夺回斯摩棱斯克，但是严重地削弱了德军，消灭了德军大量的有生力量。到7月底，德军地面部队损失了1/5，坦克损失了1/2。

7月30日，希特勒第一次被迫命令德中央集团军群“转入防御”。“战无不胜”的德军终于遇到了克星，闪电战的神话从此失灵了。

斯摩棱斯克会战阻止了德军中路的攻势，这条战线暂时沉寂下来。时间也开始进入秋季，俄罗斯大草原上广袤无垠的泥沼逐渐让德军尝到了厉害。德国第56装甲军军长弗里德里希·霍斯巴赫（Friedrich Hoßbach，1894—1980）将军诉苦说：“我们的机械一遇到泥沼，就毫无办法。步兵和配有马匹的部队反而成了军中机动性最好的部分了。”同时，德军的供应线已经拉得太长，燃油消耗日增而供应却越来越少。

8月初，希特勒急如星火地赶到前线。眼看着中路受阻，南路还停留在第聂伯河的西岸，希特勒决定暂缓中路进攻，将中央集团军群的第 2 装甲集群和第 2 集团军调往南线，插入苏军西南方面军的后方，包抄基辅，抢夺乌克兰粮仓、顿巴斯煤矿和高加索油田。同时，抽调中央集团军群的 1 个坦克军支援北路德军进攻列宁格勒，企图与芬兰军队会师。

德军在南线的攻势投入了 82 个师，包括 1 个坦克集团军、3 个野战集团军和 2 个罗马尼亚集团军、1 个匈牙利军、1 个斯洛伐克军。而苏联守军只有小编制的 86 个师，防守南北长约 1000 千米、东西纵深 500 多千米的广阔战线。苏军顽强死守，伺机反突击，使德军每前进一步都要付出惨重的代价。

从 7 月中旬开始，到 9 月 19 日，激战持续两个多月，基辅才陷落。之后，双方又在乌克兰名城敖德萨激战了两个多月。

希特勒对德军将领们说："彼得堡自然应该先占领，而且要毁灭它！占领和毁灭这个城市，不仅可以取得巨大的战略利益，让德国严严钉死彼得大帝打开的'欧洲之窗'，把波罗的海变成德国的内海，通过占领布尔什维克主义的摇篮，还能瓦解敌人的反抗意志，摧毁他们的士气。"

——［苏］杰列维扬科《第二次世界大战史》

列宁格勒保卫战

1941 年 8 月下旬，气急败坏的希特勒在北翼调集了 32 个步兵师、4 个坦克师、4 个摩托化师和 1 个骑兵旅的兵力，配备 6000 门大炮、4500 门迫击炮和 1000 多架飞机，向列宁格勒发动猛烈攻势，扬言要在 9 月 1 日占领列宁格勒。

在"巴巴罗萨"计划中，攻占涅瓦河上这座城市是希特勒既定的"刻不容缓的任务"："从地球上抹掉列宁格勒，杀光居民，消灭无产阶级革命的摇篮。"

列宁格勒原名彼得格勒，如今叫圣彼得堡，是 1703 年彼得大帝建立的俄国"欧洲之窗"，200 多年来一直是俄罗斯帝国的首都。1924 年更名为列宁格勒，是十月革命的摇篮，有苏联第二首都之称。它是苏联最大的工业中心和第二大交通枢纽，人口约 300 万。

面对德军的进攻，苏联西北方面军总司令伏罗希洛夫元帅（Kliment Voroshilov，1881—1969）向当地军民发出号召："在列宁格勒大门口，用我们的胸膛阻挡敌人前进的道路。"

8月底，德军变更部署后，沿莫斯科—列宁格勒公路再度发起进攻。德军付出重大损失后，于8月25日夺取了柳班，8月29日占领了托斯诺，8月30日抵达涅瓦河，切断了沟通列宁格勒与外界的铁路联系。9月1日，苏军退至凯克斯霍尔姆维堡以东30至40千米一线。

9月8日，德军遭受重大损失后冲过姆加车站，进抵拉多加湖南岸，夺得什利谢尔堡，从陆上包围了列宁格勒。自此，列宁格勒陷入德军的三面包围，只能从拉多加湖和空中得到补给，长达900天的列宁格勒保卫战拉开了序幕。

包围列宁格勒之后，德军对该市实施了骇人听闻的野蛮轰炸和炮击，投掷了10多万枚航空燃烧弹和航空爆破炸弹，妄图用恐怖轰炸和饥饿困死守城军民。

9月9日，德军又向列宁格勒发起新的进攻。伏罗希洛夫元帅指挥不力被撤职。9月10日，朱可夫大将（Georgy Konstantinovich Zhukov，1896—1974）接替指挥列宁格勒方面军。朱可夫做出的第一个决定是：即使战至最后一人，也要守住列宁格勒。他的口号是："不是列宁格勒惧怕死亡，而是死亡惧怕列宁格勒！"

朱可夫迅速调整、加强了列宁格勒的防御，各预备部队补充了民兵支队，大批海军军人离舰登陆，一部分高射炮调到高地上用于打坦克。至9月底，列宁格勒西南和南面的战线趋于稳定。德军一举夺取列宁格勒的计划破产了，抽调北路基本兵力进攻莫斯科的企图也随之失败。

从南面夺取列宁格勒的计划失败后，德军于10月改向季赫温实施突击，与芬兰军队会合，企图完全封死列宁格勒。但是，德军未能突至斯维里河。11月中旬，苏军转入反攻，11月20日，攻占了小维舍拉，12月9日夺回了季赫温，将德军赶过沃尔霍夫河。

列宁格勒保卫战具有全民动员的性质。列宁格勒的工业给前线提供了武器、装备、服装和弹药，而该市居民则在被封锁后第一个冬天提供了10万多新兵。为了使居民免于挨饿，拉多加湖区舰队承担了湖上给养、弹药和武器的输送。11月中旬，湖上航行因为冰封而中止。11月19日，又在拉多加湖的冰上开辟军用汽车路，被围城市通过冰上交通线得到了战斗和生活必需品的供应，疏散了没有劳动能力的居民以及工业设备等。

尽管得到了一些给养补充，这些供应还远远不能满足守城军民的需要。列宁格勒城内被迫实行了配给制，工人每人每天只能得到8两面包，儿童、病人和公务员只能得到4两面包。但是，列宁格勒军民不畏困难，每天仍有45000人参加修筑防御工事，工人们在德军的炮火下坚持生产。全城军民步步为营，铸成了一条攻不破、打不烂的钢铁长城。

1942年1至4月，苏军在柳班方向发动突击，8至10月又在锡尼亚维诺方向实施了顽强战斗，疲惫和消耗了德军的基本兵力。苏联游击队也在列宁格勒州、诺夫哥罗德州和普斯科夫州的德国占领区展开了积极的战斗，以小型兵器使敌军遭受重大损失。

1943 年 1 月 12 日，苏军在远程航空兵、炮兵和红旗波罗的海舰队航空兵的支援下，兵分两路在拉多加湖以南什利谢尔堡、锡尼亚维诺之间狭小突出部实施了相向突击，力图打破德军对列宁格勒的封锁。1 月 18 日，两路苏军成功突破德军防线，在拉多加湖与战线之间形成了 8 至 11 千米宽的走廊，并在 17 个昼夜内铺设了铁路和公路各一条。

1943 年夏秋，苏军又打破了德军再度封锁列宁格勒的企图，并且肃清了沃尔霍夫河岸基里希登陆场的德军，攻占锡尼亚维诺，从而改善了战役态势。

1944 年 1 月 14 日，一支苏军从奥拉宁包姆登陆场向罗普沙转入反攻。1 月 15 日，另一支从列宁格勒向红谢洛转入反攻。1 月 20 日，进攻军队在罗普沙地域会合，并消灭了被合围的德军彼得戈夫—斯特列利纳集团。1 月 21 日，德军开始从姆加、托斯诺退却。到 1 月底，苏军相继解放了普希金、克拉斯诺格瓦尔杰伊斯克、托斯诺、柳班、丘多沃、新索科利尼基等市。

2 月 12 日，苏军在游击队配合下攻占了卢加。至 2 月 15 日，完全突破了德军的防御。此后，继续追击德军，至 3 月 1 日，苏军已进抵拉脱维亚边界。德国北方集团军群遭到重创，列宁格勒州几乎全境解放，加里宁州一部解放，苏军进入爱沙尼亚境内，为粉碎波罗的海沿岸地区和列宁格勒以北之敌创造了有利条件。

1944 年夏，苏军在红旗波罗的海舰队、拉多加湖区舰队和奥涅加湖区舰队的配合下，击溃了苏德战场北翼的德军战略集团，列宁格勒的安全有了充分保障。

列宁格勒保卫战于 1944 年 8 月 10 日胜利结束，对苏德战场的战争进程产生了巨大的影响。这次战役牵制了德军重兵和芬兰的全部军队。战役结束后，苏军的大量兵力腾出来转用于其他战略方向。

德军第2坦克集团军司令古德里安曾将兵败莫斯科城归咎于俄罗斯的严冬。事实上，1941年11月4日莫斯科近郊的最低气温只有零下7度，而11月8日的最低温度是零度。虽然11月11至13日气温曾骤降至零下15度，但很快就回暖至零下3度，这样的天气很难被称为“严寒”。真正严寒（零下40度）始于1941年12月5日苏联红军转入反攻之际。

——［苏］杰列维扬科《第二次世界大战史》

莫斯科会战

莫斯科是苏联的首都，具有重大的政治和军事意义。希特勒深知，能否占领莫斯科关乎整个战争的命运。因此，德军在攻占斯摩棱斯克和基辅、推进至列宁格勒附近后，再次瞄准莫斯科，准备了代号为“台风”的大规模进攻战役。

为攻占苏联首都，德军调集了最精锐的180万兵力，74个半师，包括14个装甲、8个摩托化师、1700辆坦克、1.4万余门火炮和迫击炮，1390架飞机，约占苏德战场步兵师总数的38%，坦克师和摩托化师的64%。

9月30日，德军从南翼发动了对莫斯科的大规模攻势。希特勒扬言一定要在10月12日拿下莫斯科。德国各大报纸接到指示，在10月12日留出头版位置，以便刊载“特别重要的消息”。

在莫斯科防线上，苏军只有95个师，共计125万人，装备990辆坦克、7600门火炮和迫击炮和677架飞机。德军兵力比苏军多0.4倍，火炮和迫击炮多0.8倍，坦克多0.7倍，作战飞机多1倍。德军在坦克、航空兵、反坦克炮兵、高射炮兵以及摩托化部队方面占据明显的优势。

10月2日，德军装甲部队从中部突破了苏军防线，对维亚兹马地区构成南北夹击之势。10月3日，德军在南翼占领奥廖尔。10月4日，德军夺取了斯帕斯杰缅斯克和基洛夫。10月5日，德军夺取了尤赫诺夫。10月7日，德军从南北两个方向突破维亚兹马防线，包围了苏联4个集团军。陷入重围的苏军一直顽强抵抗到10月13日，牵制了德军28个师。13日，一部分苏军突出重围，退守莫日艾斯克防线，其余被围苏军大部分被歼灭或俘虏。德军从西、北、南三面包围了莫斯科。

10月7日，苏军增援部队11个步兵师、16个坦克旅、40个炮兵团和10个地雷、火焰喷射器连赶到前线，在莫日艾斯克一线230千米的地域建立了新的防线。10月10日，朱可夫大将接任前线司令，重新组建了4个集团军，在通往莫斯科的所有重要地段上与德军展开了殊死的战斗。

10月14日，德军坦克突入加里宁，随即遭到苏军的坚强阻击。10月15日，苏联政府的部分机构和外国使节撤往距离莫斯科800公里的古比雪夫。但是，斯大林仍然留在莫斯科，亲自指挥莫斯科保卫战。

10 月 23 日，德军在布良斯克地区围歼了大批苏军。10 月间，德军共派出 2000 架飞机，对莫斯科进行了 31 次空袭，278 架德军飞机被击落，只有 72 架闯入莫斯科上空。

10 月中旬到 11 月初，苏军与德军优势兵力进行了激烈战斗，将德军阻止于拉马河、鲁扎河、纳拉河等地区，粉碎了希特勒妄想在 10 月中旬占领莫斯科的美梦。

随着冬季的到来，德军的攻势也大大减弱。由于道路异常泥泞，德军被迫全线停止前进，以待大地封冻。苏军因而赢得了宝贵的休整时间。到 10 月底，苏军部队和预备队源源不断地赶到了莫斯科。也在这时，苏联谍报员佐尔格（德国人 Richard Sorge，1895—1944）发回了准确情报："日本将向东南亚进攻，不会对苏联发动进攻。"于是，斯大林将部署在西伯利亚与日本关东军对峙的 25 个步兵师和 9 个坦克旅陆续西调到了莫斯科近郊。

11 月 7 日清晨，在莫斯科红场上，庆祝十月革命胜利的游行活动照例举行，革命歌曲响彻云霄。斯大林在列宁墓前检阅红军部队，对全体指战员发表了鼓舞人心的演说："让伟大的列宁的胜利旗帜引导你们，彻底粉碎德国侵略者！消灭德国占领者！"全副武装的苏军迈着雄健的步伐从列宁墓前走过，接受斯大林的检阅，随后从红场上直接开赴前线。

德军的"台风"攻势虽然遭到了失败，但是，希特勒不肯善罢甘休，仍然想在冬季到来以前攻占莫斯科。德军经过休整和增调兵力后，又向莫斯科发起了第二次大规模的进攻。

11 月 15 日清晨，德军第 3、4 坦克集团军开始向克林进攻，企图从北面包抄莫斯科；德军第 2 坦克集团军向图拉进攻，意欲从南面包抄莫斯科；两路德军采用南北钳形攻势，同时配合正面进攻，妄想一举攻占莫斯科。

苏军虽然在兵力和装备上都处于劣势，但是，苏军作战特别勇敢顽强。苏军第 316 步兵师的一个战斗小组表现尤为感人。11 月 16 日清晨，这个小组在杜波塞科沃附近，坚守一个通往莫斯科的公路道口。经过 4 个多小时的激战，他们击毁了德军 18 辆坦克，击毙德军数十人，自己也只剩下了 28 人。政治指导员中尉瓦西里·克洛奇科夫（Vasily Klochkov，1911—1941）激励战士们说："俄罗斯虽大，但已无处可退，后面就是莫斯科！"最后，28 名战士弹尽粮绝，全部壮烈牺牲，克罗奇科夫拿着一捆手榴弹扑向德军，炸毁了一辆德军坦克。

11 月 23 日，德军付出了巨大损失后占领了克林。11 月 27 日，德军推进到距离莫斯科只有 24 千米的伊斯特腊。当天夜里，一小股德军在雅赫罗马地区渡过了莫斯科—伏尔加河运河。莫斯科已经处于德军的炮火射程之内，德军用望远镜依稀可以看见克里姆林宫的顶尖。

值此危急关头，苏军连夜抽调增援部队，奋勇迎敌，向德军发起了快速反突击，不惜代价地将德军迅速赶回了运河西岸。11 月底至 12 月初，苏军第 1 突击集团军和重组的第 20、10、30 集团军紧密配合，在苏联空军支援下，展开了一系列的反突击，德军被打得溃不成军，狼狈不堪。

12 月 5 日，德中央集团军群司令博克元帅向德军参谋部报告说，他“已经到了山穷水尽的地步了”。遭到全面阻击的德军被迫转入防御。

从 11 月 16 日至 12 月 5 日，在莫斯科城下的激战中，苏军打死打伤德军 15.5 万多人，摧毁德军坦克 777 辆、火炮 300 门、飞机近 1500 架。德军士气严重受挫，闪电战遭到了破产。

12 月初，莫斯科已经是寒冬季节，气温降到了零下 20 至 30 摄氏度。希特勒和德军统帅部原计划在两个星期之内消灭苏军，所以德军对冬季作战毫无准备。在冰天雪地的莫斯科荒郊，德军没有冬衣，没有防寒设备，坦克和汽车的水箱在严寒中冻裂，马达难以发动，武器上的光学窥镜失去作用。同时，德军的装备也消耗了 30%左右，而后勤补给却更加困难；中路德军每天需要 31 火车皮的给养，实际上只能得到 16 车皮。德军飞机无处着陆，被迫在结冰的湖面上进行一些惊险的降落。

可是，希特勒却顽固不化，担心任何一点撤退都可能涣散军心，导致全线崩溃，坚决不准许德军后撤。同时，希特勒把德军高级将领当成替罪羊，将博克元帅、古德里安上将、施特劳斯上将等 35 名高级将领撤职。

12 月 8 日，希特勒签署了在苏德战场全线转入防御的训令。12 月 19 日，希特勒撤了陆军总司令布劳希奇的职务，亲自担任陆军总司令。12 月 28 日，希特勒又对身穿单衣在寒冬中瑟瑟发抖的德军下达了死命令：“不准撤退，坚决死守，直到最后一兵一卒，一枪一弹为止。”

针对德军进攻能力已经衰竭的有利局势，1942 年 1 月 5 日，苏军统帅部决定乘胜发动全线反击。随后，经过 3 个月的鏖战，到 4 月下旬为止，苏军在各条战线上都取得了很大的胜利，将德军打退了 150 至 400 千米，解除了莫斯科和北高加索的危险，改善了列宁格勒的处境，解放了 60 多座城市和 1.1 万多个居民地，收复了加里宁州、图拉州、梁赞州、斯摩棱斯克州、奥廖尔州、库尔斯克州、哈尔科夫州和列宁格勒州的一部分。

在整个冬季战役中，德国大约 50 个师被击溃，陆军伤亡 83 万多人（其中冻死冻伤 10 万余人），损失了 1300 辆坦克、2500 门大炮、15000 辆汽车和大量的其他装备。战役期间，德军军事法庭以临阵脱逃、擅自退却、违抗军令等罪名审判了 6.2 万名官兵。

莫斯科会战的胜利大大改善了苏联的军事、政治地位和国际地位，也为战争的根本转折奠定了基础，宣告了德军“闪电战”的彻底破产。德军总参谋部长哈尔德被迫承认，“德国陆军常胜不败的神话已经破灭了”。

斯大林格勒战役是第二次世界大战的转折点，也是人类历史上最血腥的战役，双方死伤 200 多万人。德国第 6 集团军 26 万人参战，战后仅 5 千人活着回到德国。一位德军军官写道：斯大林格勒不再是一座城市，而是一个杀人炉灶，这里的街道不再用米来计算，而是用尸体来计算。

——［英］安东尼·比弗《保卫斯大林格勒》

斯大林格勒战役

德军在莫斯科城下惨遭大败后，已经再也无力发动全线进攻了。但是，希特勒不甘心失败，四处奔走，从欧洲的仆从国家强征炮灰，又纠集了 217 个师和 20 个旅。其中，德军 178 个师、8 个旅，芬兰、罗马尼亚、匈牙利、意大利、斯洛伐克和西班牙共 39 个师、12 个旅，总计 619.8 万人；装配火炮 56941 门、坦克 3229 辆、飞机 3395 架、战舰 63 艘。

为了夺回苏联战场上的战略主动权，希特勒决定集中兵力进攻苏联的南翼，夺取斯大林格勒和南高加索，然后，迂回北上，从东面包抄莫斯科，进逼乌拉尔和西伯利亚。

1942 年 4 月 5 日，希特勒签署了第 41 号作战令：“一俟天气和地面条件好转，一切可用的军队将集中到南翼的主要战线，目的是在顿河边消灭敌人，夺取高加索油田和进入高加索山区的隘口。”

斯大林格勒，原名察里津，1925 年改称斯大林格勒（1961 年又改名为伏尔加格勒），是苏联内河航运干线——伏尔加河上的重要港口，又是苏联南方的一个铁路交通枢纽和重要工业城市，位于伏尔加河下游的西岸、顿河河曲以东，是苏联内河航运干线上的重要港口和南北铁路交通的枢纽，也是苏联南部的工业重心，城市居民约有 60 万人。该市的西面和南面是苏联粮食、石油和煤炭的主产区——辽阔富饶的顿河流域、库班河流域和南高加索地区。

1941 年德军占领乌克兰之后，斯大林格勒就成了苏联中央地区通往南部经济区的交通咽喉。如果德军夺取该地区，苏联就会失去战争所需要的石油和粮食基地，而德国也迫切需要战略资源。在即将发动攻势之前，希特勒就说过：“如果拿不到高加索的石油，我就必须结束这场战争。”

1942 年 5 月初，希特勒调集到苏联南线战场上的兵力约 150 万人，共 97 个师，1600 多架飞机、1200 多辆坦克、1.7 万门大炮和迫击炮。5 月 8 日，德军 8 个师对克里米亚东部的刻赤半岛发起进攻。激战之后，苏军退到东面的塔曼半岛，德军于 5 月 15 日占领了刻赤半岛。

6 月 2 日，德军出动 20.4 万兵力进攻塞瓦斯托波尔要塞，苏联守军 10.6 万人顽强抵抗了一个月之久，直到弹尽粮绝才奉命撤退。7月4日，苏军撤到黑海东岸的新罗西斯克，整个克里米亚半岛落入德军手中。在将近两个月的鏖战中，苏德双方都付出了惨重的代价，人员损失均在30万左右。

6月28日，德军重新集结了90万兵力，包括10个坦克师、8个摩托化师、1200辆坦克、1.7万门火炮、1640架飞机，再次发动攻势，企图在顿河西岸围歼苏军主力。苏军且战且退，到7月17日被迫后撤了150至400千米。德军推进至顿河大河湾，直逼斯大林格勒和北高加索，震撼世界的斯大林格勒战役随即开始了。

在长达530千米的顿河防线上，苏联守军共有38个师，但是其中20个师严重缺编，14个师每师只有1000到3000人。真正能与德军对抗的主要是第62、63集团军的12个师，约16万人，配有2200门火炮、400辆坦克和654架飞机。

7月23日，德军5个师进攻苏军第62集团军的右翼。经过3天激战，德军突破防线，在卡明斯基地区推进到顿河岸边，苏军第62集团军的两翼陷入包围。7月25日，另一支德军对苏军第64集团军的右翼发动突击，企图在卡拉奇附近强渡顿河，直扑斯大林格勒；苏联守军撤退到顿河东岸，建立了新的防线。

7月28日，斯大林发布第227号命令："现在是结束退却的时候了，寸步不退！这就是我们当前的主要号召。必须顽强地保卫每一个阵地，每一米苏联领土，直到最后一滴血。"斯大林还下令建立了阻截队，放在不坚定的部队后面，把惊慌失措者和胆小鬼就地枪毙。

7月31日，希特勒又将德国第4坦克集团军从齐姆良斯卡地区调来，向科杰利尼夫斯基方向进攻，配合德国第6集团军从顿河西岸发动攻势。

8月5至10日，在阿布加涅罗沃—普罗道维托耶一线，崔可夫中将指挥的苏军突击集群与德国第4装甲军展开激战，德军伤亡惨重，被迫退回外围防线，转入防御。与此同时，德军第6集团军与苏军第62集团军也在顿河西岸展开了7天的激战，苏军撤回到顿河东岸。

8月15日，德军又对苏联第4坦克军的防地发动进攻。

8月16日，苏军少尉克切特科夫率领16名战士守卫一个高地，与德军鏖战一昼夜，子弹打光了，最后剩下的4名战士把手榴弹绑在身上，视死如归地扑向德军的坦克！苏军主力退到顿河东岸后，在西岸守住了新的防线。

8月23至24日，德军对斯大林格勒进行了疯狂的昼夜轮番轰炸。城市住宅、工厂、医院、学校遭到严重破坏，成千上万的老百姓惨遭杀害，市区一片废墟，硝烟弥漫。伏尔加河岸的油库也中弹起火，燃起一片火海。

9月13日，德军突入斯大林格勒市区，向苏军第62集团军防守的马马耶夫岗和火车站发起攻势。9月14日，德军投入6个师，在几百架飞机支援下，突破了苏军防线，占领了火车站，将苏军第62集团军逼到伏尔加河岸。

市区争夺战开始之后，形势异常危急，苏军陆续增调来10个步兵师、2 个坦克军和 8 个坦克旅，与德军展开殊死搏斗。争夺市中心的战斗达到了白热化。仅 9 月 14 至 15 日间，就有 2000 多名德军在市区被击毙。9 月 16 日，苏军夺回了马马耶夫岗。火车站的争夺战持续了一周之久，前后 13 次易手。

在战斗最紧张的日子里，双方在每一条街、每一栋楼、每一层楼面和每一个房间进行激烈的争夺战。战斗中，曾有 4 名苏军反坦克手，用仅有的 2 支反坦克枪与 30 辆德军坦克搏斗，1 天之内摧毁德军坦克 15 辆，未让敌人越过自己的阵地。一位身负重伤的苏军电话兵用牙齿咬住被打断了的电话线，恢复了战地通信。

“红十月”冶金厂的工人在距离德军只有几百米的危急情况下，依然一面手执武器阻击敌人，一面冒着炮火坚持生产。在战斗最激烈的 9 月份，他们制造了 200 辆坦克、150 辆牵引车。工人们常常驾驶着刚装配好的坦克，直接冲出厂门，投入战斗。德军第 94 师第 267 团团长威廉·霍夫曼在日记中写道：“俄国人不是人，而是某种钢铁铸成的东西；他们不知疲劳，不怕炮火。”

9 月底，战斗重心转移到市区北部的工厂区。德军又增调来 20 万兵力，90 个炮兵营和 40 个攻城工兵营。苏军也有 6 个步兵师和 1 个坦克旅渡过伏尔加河，调进了斯大林格勒市区。双方随即展开了争夺拖拉机厂、“红十月”和“街垒”的大血战。10 月 4 日，德军占领了“红十月”和“街垒”工厂的住宅区。

10 月 15 日，德军 5 个师、2000 多架次飞机猛攻拖拉机厂。苏军 2 个师被分割成许多孤立的战斗队，继续拼死战斗，宁死不屈。其间，苏联战士潘尼卡克独自阻击几辆德军坦克，用光了所有的手榴弹，身边只剩下两个燃烧瓶。当他抡起燃烧瓶，正要投向最近的一辆坦克时，一颗子弹打穿了高举在他头上的燃烧瓶，烈火顿时烧遍了他的全身。但是，他没有去扑打身上的火焰，而是跃出战壕，冲向德军坦克，对准发动机的外壳打破了第 2 个燃烧瓶。火舌和浓烟吞没了英雄和德军的坦克。当晚，德军付出惨重代价后，占领了拖拉机厂。

为了减轻德军对斯大林格勒市区的压力，苏联顿河方面军于 10 月 19 日从北部转入进攻，苏联第 64 集团军于 10 月 25 日从南面对德军侧翼实施了反突击。11 月初，德军多次妄图攻占市区的防御点，都未能得逞。

战斗到 1942 年 11 月初，德军方面在斯大林格勒地区仍有 80 个师，总计 100 万人，火炮 10290 门、坦克 675 辆、飞机 1216 架。其中主力部队是盘踞在斯大林格勒市区和西部外围一带的德国第 6 集团军和第 4 装甲集团军。罗马尼亚第 4 集团军担任南翼掩护，罗马尼亚第 3 集团军、意大利第 8 集团军、匈牙利第 2 集团军和德国第 2 集团军负责掩护西北翼。

而苏军在斯大林格勒地区共有 3 个方面军，110 万人，火炮 15500 门、坦克 1463 辆、飞机 1350 架。苏军兵力和装备已经优于德军。尤其是苏军新装配的 1250 门“卡秋莎”火箭炮，一次就可以同时发射 1 万发炮弹，威力非常强大。苏军已经具备了发动大规模反攻的必要条件。

1942年11月7日，斯大林宣告："敌人尝到红军新打击力量的日子已经不远了！"

1942年11月19日清晨，苏军首先进行了80分钟的炮击，然后以坦克部队为先导开始大举反攻。11月22日夜间，苏军收复顿河桥梁，3天内34个师渡过顿河。之后，苏军兵分两路，一路向西急进，直插德军后方；另一路向南直奔卡拉奇，于23日晨收复该市，当晚与苏联西南方面军会师，从而将斯大林格勒地区的德军22个师包围起来。

苏联的强大反攻打得德军晕头转向。希特勒一面电令被包围的德国第6集团军司令保卢斯上将（Friedrich Wilhelm Ernst Paulus，1890—1957）稳住防线，一面急忙从各地战场上收罗了一些兵力，组成顿河集团军群，调来曼施坦因元帅（Erich von Manstein，1887—1973）担任指挥，准备解救德国第6集团军。

12月12日，德国援军从科杰尼科夫斯基出发，不顾一路伤亡，向斯大林格勒猛冲。12月19日，曼施坦因率德军突破重重阻截，抵达梅什科瓦河，距离斯大林格勒只有40千米。曼施坦因随即命令保卢斯向西南突围，但是，被围德军已经精疲力竭，需要准备几天才能突围。而此时苏军已经突破意大利军的防线，挥师南下，直插曼施坦因德军的后方。曼施坦因自身难保，不得不向南撤退，同时电告保卢斯停止突围。苏军乘胜追击，于12月29日收复了科杰尼科夫斯基，彻底粉碎了德军的解围计划，被围德军已成瓮中之鳖。

被围的30万德军每天需要750吨给养物资，但是，德国空军每天只能送来100吨。因此，德军很快就出现了饥荒，弹药缺乏。包围圈逐渐缩小，德军伤亡与日俱增，伤员得不到照顾而奄奄一息，成千上万的士兵被冻死。

挣扎到1943年年初，德军每人每天只能分到1片面包，喝的是雪水，每人每天只有30发子弹，坦克缺少燃油而无法发动，大炮缺少炮弹。饥寒交迫的德军蜷缩在冰冻的战壕里，普遍厌战，先后有360名德军因为拒绝作战而被处死。

1943年1月8日，苏军向德军发出要求投降的最后通牒。保卢斯遵照希特勒的命令拒绝了。1月10日凌晨，苏军5000门大炮开始轰击德军，苏军坦克和步兵发起攻势。德军全线狼狈溃退，丢下遍地尸体，阵地在6天内缩小了一半。苏军再次建议德军投降，保卢斯又拒绝了。1月22日，苏军发起全线进攻，经过4天激战，推进了10多千米。

1月24日，保卢斯向希特勒哭诉："部队已经弹尽粮绝……继续抵抗已无意义。崩溃在所难免。部队请求立即允许投降，以挽救残部生命。"但是，希特勒从不怜惜士兵的生命，斩钉截铁地回答说："不许投降！死守阵地，战至最后一兵一卒一枪一弹！"当日，为了刺激德军继续抵抗，希特勒大肆加官晋爵，提升保卢斯为元帅，其他117名军官各升一级。

1月27日，苏军开始了消灭残敌的战斗。至2月2日，被围德军全部被歼，其中生俘9.1万人，包括24名将军和2500名军官。保卢斯元帅在斯大林格勒中心百货公司地下室被苏军俘获。

2月3日，希特勒宣布全国为在斯大林格勒阵亡官兵致哀4天，最后还挖苦保卢斯说：“他还是没有能够跨进永垂不朽的门槛。”

斯大林格勒战役的胜利是苏德战争的转折点，正如毛泽东所说：“拿破仑的政治生命终结于滑铁卢，而其决定点，则是在莫斯科的失败。希特勒今天正是走的拿破仑道路，斯大林格勒一役，是他灭亡的决定点。”

库尔斯克战役是苏德战争的分水岭，也是史上最大的坦克会战和最大的单日空战，德军与苏军共出动了近8000辆坦克、5000多架飞机。此战之后，德军彻底丧失了主动进攻的能力，苏军从这里开始了收复国土的大反攻。

——［苏］杰列维扬科《第二次世界大战史》

库尔斯克会战

斯大林格勒战役结束后，希特勒仍然不肯善罢甘休，随即实行全国总动员，竭力搜罗炮灰，将苏德战场上的德军总兵力补充到520万人，妄图夺回失去的战略主动权，进而占领顿河、伏尔加河流域，进攻莫斯科，完成1942年未竟之业。

1943年3月初，德军在南部战线发起突击，3月16日重新占领哈尔科夫，3月18日占领别尔哥罗德。苏军奋勇抵抗，很快稳定了战线，并且在库尔斯克地区对德军的防线构成了严重的威胁。于是，双方都向库尔斯克方向调遣兵力，一场新的大厮杀即将开始。

此时的苏德战场已经今非昔比，苏军已发展到640万人，在大炮、坦克和飞机等方面的实力都超过了德军。德军在库尔斯克地区100多千米的狭窄地段上，集中了约90万人，编有17个装甲师、3个摩托化师和18个步兵师，配备2000多架飞机；而苏军则调集了133万人，配有3600辆坦克、2万门大炮和3130架飞机。同时，苏军的情报部门紧盯着德军的一举一动。1943年7月4日，苏军从一名德军俘虏的口供中得知：德军将在7月5日凌晨发起进攻。

7月5日凌晨2时许，苏军先发制人，抢先炮轰德军阵地，打乱了德军的火力部署。5时左右，德军兵分两路发起总攻，北路德军从奥廖尔方面南下，冲入苏军阵地9千米；南路德军从别尔哥罗德一线北上，几天内突入苏军阵地达30多千米。

7月12日，在普罗霍罗夫卡一带展开激战，双方共出动1200辆坦克和强击火炮，形成第二次世界大战中规模最大的一次坦克大战。德军战死1万多人，约400辆坦克被摧毁，损失惨重，开始全线退却。

苏军乘胜追击。8月5日，北线苏军收复了被德军占领2年之久的奥廖尔，南线苏军收复了别尔哥罗德。当日午夜12时，经斯大林提议，120门大炮在首都莫斯科齐鸣12响，向英勇的苏军表示祝贺。这是苏联从战争爆发以来第一次鸣礼炮庆祝苏军的胜利。

8月23日，苏军胜利开进乌克兰第二大城市哈尔科夫。至此，库尔斯克战役以苏军的辉煌胜利而结束，希特勒妄图挽回战略主动权的最后一次挣扎彻底失败了。

此后，德军在苏德战场完全丧失了战略主动权，再也无力发动进攻战了。这次战役，德军损失 50 余万人、3000 门火炮、1500 辆坦克和 3500 架飞机。

库尔斯克战役之后，苏军继续全线出击，穷追猛打，德军节节败退。9 月，苏军收复了新罗西斯克和塔曼半岛，彻底肃清了高加索地区的敌人；收复了苏联的重要工业区顿巴斯，从陆地上封锁了克里米亚半岛上的德军。

9 月 25 日，苏军收复斯摩棱斯克，为收复白俄罗斯占据了前哨基地，由此西进也是将来直捣柏林的捷径。

10 月 25 日，苏军收复第聂伯罗彼得罗夫斯克，进抵第聂伯河河口附近。11 月 6 日，收复乌克兰首都基辅，11 月底，收复戈梅利。

回首 1943 年，斯大林指出，这一年“德国法西斯军队在苏德战场上的战斗中，损失了 400 多万官兵，其中被打死的至少有 180 万人。此外，德国人在这一年中，损失了 14000 多架飞机、25000 多辆坦克和不下于 4 万门大炮。”苏军在中部战线前进了 500 千米，在南部前进了 1300 千米，收复了将近 100 万平方千米的领土。

1943 年也是苏联国防力量转折的一年。苏联在这一年新建立了 78 个师，还储备有 9 万多名军官，生产了 35000 架作战飞机、24000 辆坦克和强击火炮。苏军在人数和装备方面都超过了德军。而且，受到胜利的鼓舞，苏军士气空前高昂。

瑞典文学院在授予其诺贝尔文学奖的颁奖词中说："丘吉尔演说敏捷准确，内容壮观动人，犹如一股铸造历史环节的力。丘吉尔在尊重自由和人性的关键时刻的滔滔不绝的演说，具有动人心魄的魔力。他正是以这伟大的演说，建立了不朽的丰碑。"

反法西斯同盟

1941 年 6 月 22 日，苏德战争的突然爆发，使"孤军"奋战中的英国喜出望外、如释重负。那天，英国首相丘吉尔和外交大臣安东尼·艾登（Robert Anthony Eden，1897—1977）正在契克斯庄园度周末。清晨 7 点多钟，丘吉尔获悉德军进攻苏联的消息，立即吩咐侍卫用银盘子托着一支大雪茄给艾登送去，告诉他说："首相向你祝贺，德国军队已经进攻俄国了！"艾登穿着睡衣赶到首相卧室，他事后回忆说："我们在品尝宽慰的滋味，此刻我也无心品尝雪茄了。"

当晚 9 时，喜形于色的丘吉尔发表广播演说，慷慨激昂地宣称："过去 25 年来，没有谁比我更彻底地反对共产主义。我决不收回我说过的话。但是，面对展现在我们眼前的情景，这一切都已黯然失色了……任何对纳粹帝国作战的个人或国家，都将得到我们的援助。"希特勒"进攻俄国，只不过是企图进攻不列颠诸岛的前奏。因此，俄国的危难就是我们的危难，也是美国的危难”。

德军入侵苏联的消息传到美国时，正卧病在家的国务卿科德尔·赫尔（Cordell Hull，1871—1955）也立即打电话给罗斯福总统，热烈地表示：“我们必须尽力给予苏联一切援助。”次日，美国代理国务卿威尔斯代表美国政府发表宣言，声明支持苏联说：“今天的希特勒军队是美洲大陆的主要危险。”6 月 24 日，罗斯福总统举行记者招待会，宣布“美国将尽力援助苏联”。

遭遇德国的突然入侵后，苏联也迫切需要外界的武器和军事物资援助。因此，苏联十分希望加强与英美的友好合作。

7 月 3 日，斯大林发表广播演说：“我们为保卫祖国的自由而进行的战争，将同欧洲和美洲各国人民争取独立、民主和自由的斗争会合在一起。这将是各国人民争取自由、反对希特勒法西斯军队的奴役而结成的统一战线。因此，英国首相丘吉尔先生关于帮助苏联的历史性的演说和美国政府关于帮助我们的宣言，都是十分明显的例证。苏联各族人民对这个演说和宣言只能表示衷心的感谢。”

7 月 12 日，英国和苏联在莫斯科签署了《苏英对德作战联合行动协定》。双方保证，彼此给予各种援助和支持，不同敌国谈判，也不与敌国单独媾和。

8 月 16 日，苏英又签订了《贸易、贷款和支付协定》，英国同意给予苏联 1000 万英镑的贷款。8 月间，苏英两国还同时出兵，从南北两面进军伊朗，保障了苏联从南部获得国际援助的交通要道。

与此同时，苏美之间也加强了接触。6 月 30 日，苏联驻美大使乌曼斯基（K. A. Umanskii）向美国政府提出物资援助和贷款要求。但是，美国军界多数人认为，苏联力量薄弱，支持不了几个月。因此，谈判进展缓慢。为了摸清苏联的实际情况，罗斯福派遣特使哈里·霍普金斯（Harry Lloyd Hopkins，1890—1946）前往莫斯科访问。

7 月 30 日，霍普金斯抵达莫斯科，先后与斯大林进行了两次会谈。经过一周的奔波访问，霍普金斯对苏联的抵抗能力和苏德战争的前途有了新的认识，他向罗斯福汇报说："我对这条战线坚信无疑。这里士气特别旺盛，对胜利充满了坚定的信心。"霍普金斯的莫斯科之行坚定了美国参加国际反法西斯联盟的决心和信心。9 月初，美国援助苏联的第一个船队启航，驶往阿尔汉格尔斯克。

8 月 10 日，罗斯福与丘吉尔在大西洋纽芬兰的阿金夏港举行战时第一次会晤，共同商讨国际形势以及联合反对德国法西斯的政策。8 月 14 日，发表了著名的《大西洋宪章》（The Atlantic Charter），成为英美两国政治联盟的标志，对于动员和鼓舞世界各国人民加强团结，联合起来反对法西斯侵略产生了积极的意义。该宪章后来也成了《联合国宪章》的蓝图。

在大西洋会议上，罗斯福与丘吉尔还联名致函斯大林，建议召开苏、美、英三国会议，共同商讨对德作战和援助苏联问题。斯大林欣然同意。

9 月 29 日，苏、美、英三国会议在莫斯科召开，斯大林亲自参加了会议。10 月 1 日，三国签署了第一个议定书，规定从 1941 年 10 月 1 日到 1942 年 6 月 30 日，英美每月向苏联提供 400 架飞机、500 辆坦克及其他武器和物资；苏联则向英美提供原料。莫斯科会议的召开标志着苏美英三国反法西斯联盟的初步确立。

10 月 30 日，罗斯福总统写信给斯大林，宣布向苏联提供 10 亿美元的无息贷款；11 月 7 日，美国又宣布把《租借法案》扩大到苏联，为提供援助创造了更加有利的条件。到 1941 年年底，英国向苏联援助了 669 架飞机、487 辆坦克和 301 支反坦克枪；美国向苏联援助了 204 架飞机、182 辆坦克，以及 18.9 万部战地电话、67 万英里长的电话线和 4.5 万吨带刺铁丝网。

1941 年 12 月 7 日，日本偷袭珍珠港，太平洋战争爆发后，美国被迫对日宣战，德美也相互宣战。美国从此正式加入第二次世界大战。随后，英国、澳大利亚、新西兰、荷兰、加拿大、萨尔瓦多、南非、中国、“自由法国”和波兰等国也相继对日本宣战，战争波及全世界 4/5 的人口。随着德、意、日法西斯侵略者不断扩张战事，国际反法西斯同盟也进一步得到壮大和发展。

1941 年 12 月 22 日，美英两国召开了代号为“阿卡迪亚”的军事会议，通盘商讨两国的联合作战计划。会议期间，美国提议对轴心国作战的所有同盟国家，共同签署一项《联合国家宣言》。

经过与各国磋商之后，1942 年 1 月 1 日，美国、苏联、英国、中国、澳大利亚、加拿大、新西兰等 26 个国家的代表在华盛顿签署了《联合国家宣言》。宣布，各签字国保证运用其全部力量击败法西斯轴心国；签字国保证不与法西斯国家合作，不单独签订停战协定或和约。《联合国家宣言》的出笼标志着国际反法西斯联盟的正式确立，也为以后的联合国组织的建立奠定了初步的基础。

希特勒曾命令隆美尔将非洲军团俘获的欧洲政治犯们就地枪决。隆美尔却对这些命令置之不理，反而将希特勒派来监督执行的党卫军军官软禁起来，从而挽救了众多反法西斯战士的生命，诠释了一名职业军人的基本素质，隆美尔也由此获得了盟军的尊敬。英国首相丘吉尔曾经评价隆美尔说：他是一个冷静狡猾的敌人，一位伟大的将军。

——［法］亨利·米歇尔《第二次世界大战》

阿拉曼战役

1942 年 6 月 20 日，丘吉尔正在华盛顿与罗斯福协商联合作战之事，忽然传来坏消息，“沙漠之狐”隆美尔在非洲战场上推进了 600 多千米，攻陷托卜鲁克，俘虏了 4 万英军、缴获了大量的装备、粮食和燃料。

丘吉尔大为震惊，因为托卜鲁克是埃及的门户。在伦敦人们情绪激昂，担心“开罗和亚历山大港很快就要在隆美尔的刀光剑影之下陷落”。

丘吉尔发出紧急呼吁：“每一个军人都必须奋起作战，犹如肯特郡或苏塞克斯郡即将受到侵犯一样。必须不惜一切代价守住埃及。”

幸运的是，沙漠之战的无情规律挽救了节节败退的英军。隆美尔的非洲军团在距离亚历山大港只有40英里的地方停了下来。德军的坦克也只剩下了24辆，并且缺少汽油，士兵们已经精疲力竭。而且，由于苏联战场吃紧，德国在西西里的空军已被召往苏联战场；没有了空军的掩护，隆美尔的后勤供应线毫无保障。

1942年7月24日，英美联合参谋长会议在伦敦商定于秋季登陆北非，对德意作战，解除埃及之围，确保直布罗陀和苏伊士运河的安全，恢复地中海航道，保障中东的石油供应。

8月初，丘吉尔飞赴开罗，改组中东司令部，撤掉了丢失托卜鲁克的奥金莱克将军（Claude John Eyre Auchinleck，1884—1981），由亚历山大将军（Harold Alexander，1891—1969）接任中东总司令，任命蒙哥马利将军（Bernard Law Montgomery，1887—1976）为第八集团军司令，负责守卫亚历山大港西面的阿拉曼防线。

8月13日，美英联合参谋长委员会任命艾森豪威尔将军（Dwight David Eisenhower，1890—1969）为盟国北非远征军总司令，司令部设在伦敦。

盟军最后确定的登陆地点为：卡萨布兰卡、奥兰和阿尔及尔。这些地方是法国维希政府管辖的殖民地，盟国希望争取当地法军的合作来降低登陆非洲的风险。

8月30日夜间，隆美尔向英军阿拉曼防线南翼发动包抄攻势，同时向北翼和中线发动牵制性进攻，妄图冲过英军防线，直捣开罗和苏伊士运河。英军在蒙哥马利指挥下沉着应战，激战 6 天，德军伤亡 4500 人，被迫撤回原地。这一战成为隆美尔向埃及进军的最后一次尝试。9 月 23 日，疲惫不堪的“沙漠之狐”把指挥权交给副手施登姆，自己抱病溜回德国治疗去了。

此时，英军的实力已经得到极大的补充，第 8 集团军兵力增至 19.5 万人，配备 1029 辆坦克、2311 门大炮和反坦克炮、750 架飞机。而对阵的德、意军队只有 10.4 万人（其中德军 5 万人），配有 489 辆坦克、1219 门大炮和反坦克炮、675 架飞机，兵力和武器装备显然已经处于劣势。

1942 年 10 月 23 日夜间，蒙哥马利指挥英军突然发起阿拉曼战役。德军对英军的反攻毫无思想准备，司令部陷入一片混乱。战斗开始不到一天，施登姆心脏病发作，猝然死去，冯·托马临时接任总指挥。希特勒闻讯后，命令隆美尔立即出院，于 10 月 26 日仓皇飞返北非。可是，等到“沙漠之狐”赶回利比亚时，大势已去了。

蒙哥马利在“扫清了隆美尔菜园里的地雷”后，已经成功地突破德军防线，德意军队再也守不住阵地，接连败退。

11 月 3 日，德意军队全线溃退，隆美尔认为再也无力建立一条新的防线，便悄然溜走了，并将这一消息电告德军最高统帅部。希特勒狂怒不已，咆哮说：“昨天，我命令隆美尔‘不胜利，毋宁死’，他怎么竟敢抗拒命令?!”

11 月 4 至 6 日，英军向马特鲁港挺进，追击逃敌。但是，遭遇了暴风雨，11 月 7 日全天未能进军，德意残兵得以西遁。11 月 8 日，英军收复了马特鲁港。至此，历时 12 天的阿拉曼战役以英军大获全胜而结束，英军共歼敌 5.9 万人，其中生俘 3 万人，俘虏了隆美尔的副手冯·托马和 9 名意大利将军。

阿拉曼战役一举扭转了非洲战场的形势。丘吉尔评价说：“它实际上标志着‘命运的关键’。在阿拉曼战役之前，我们是战无不败；在阿拉曼战役以后，我们是战无不胜。”

此后，英军乘胜推进，于 12 月 13 日收复了托卜鲁克，14 日收复加柴拉，20 日进入班加西。到 1943 年 1 月 23 日，盟军开进利比亚首都的黎波里。其间，挺进 2200 千米，一路上很少作战。隆美尔一路西撤，最后退到突尼斯，与当地德意军队会合。

阿拉曼战役开始不久之后，10 万盟军也在北非实施了成功的登陆行动。1942 年 11 月 8 日清晨，由 500 多艘各类舰只组成的一支庞大舰队，载着 10 万兵马，在空军掩护下，分三路在北非的卡萨布兰卡、奥兰和阿尔及尔同时开始登陆。

11 月 10 日，美国第 2 军粉碎法国守军的抵抗，攻占了奥兰。11 月 11 日，巴顿将军（George Smith Patton Jr.，1885—1945）指挥美国部队顺利攻占了卡萨布兰卡。在阿尔及尔，盟军与法国维希政府武装部队总司令达尔朗将军达成了协议。因此，当地法军稍做抵抗后，便在 11 月 12 日停止了战斗。

盟军在北非的登陆令希特勒大惊失色，11 月 10 日，采取了两项对策：一是伙同意大利挥师南下，直接占领了法国南部，使维希政权的儿皇帝美梦也彻底破灭了；二是命令北非的德军迅速抢占突尼斯城和比塞大港，保持一个海空通道。

11 月 26 日黎明，德军又对土伦的法国舰队发动了突然袭击。毫无防备的法国海军被打得措手不及，港口守将马尔基海军上将在床上被俘虏。仅有 5 艘潜艇逃走了，其余总计 22 万吨的 51 艘舰只都被自行凿沉，未曾对法国做出任何贡献便沉入了海底。德军在地中海各港口夺取了 159 艘法国商船，总计 65 万吨。

1943 年 4 月 20 日，蒙哥马利的第 8 集团军与巴顿的美军从东西两面夹击德军，向突尼斯城的德意军队发起总攻。5 月 7 日，盟军解放了突尼斯城和比塞大港。6 天后，德意军队全部投降。盟军彻底肃清了北非残敌，俘虏敌军 25 万人。

戴高乐身上很有“法兰西民族的性格”，他不肯受人摆布，拒不前往卡萨布兰卡。罗斯福催促说：“新郎已到，新娘何在?”

丘吉尔也向戴高乐施加压力说：“在罗斯福和你之间，我挑选大的。”说服戴高乐后，丘吉尔得意地对罗斯福说：“我把新娘请到了。”

——［法］亨利·米歇尔：《第二次世界大战》

卡萨布兰卡会议

盟军在非洲的胜利，使美英两国领导人深受鼓舞，他们非常希望与斯大林会晤，共商击败德国的战略方针。1942 年 12 月 2 日，罗斯福写信给斯大林说：“最使我心情激动的考虑，就是我渴望与你会谈。我建议在非洲某一个安全的地方秘密会晤，这对我们三个人都很方便。时间约在 1 月 15 至 20 日。”丘吉尔也向斯大林发出了同样的邀请。

然而，此时苏军正在全力围歼斯大林格勒城里的保卢斯集团军，斯大林无暇离开莫斯科。12 月 6 日，斯大林答复罗斯福和丘吉尔说，他赞成三国首脑开会商讨军事战略，“但是非常遗憾，我无法离开苏联。现在正是重要关头，对我来说，即使离开一天也不可能”。

于是，罗斯福便与丘吉尔商定，他们各自携带参谋人员一起到北非的卡萨布兰卡（Casablanca），举行了一次两国首脑会议，以便了解战地情况，商讨1943年的作战方略。

1943年1月12日，丘吉尔首先到达卡萨布兰卡，住进安法郊区的一所别墅。1月14日下午，罗斯福乘飞机横渡大西洋也来到了卡萨布兰卡，会议随即正式召开，历时10天。

1月23日，在最后一次全体会议上，罗斯福与丘吉尔决定了三件大事。第一件事，是确定了1943年英美联军的进攻方向。罗斯福接受了丘吉尔竭力兜售的计划——进攻“欧洲柔软的下腹部”——攻占西西里岛，确保地中海航行安全，迫使意大利投降，然后，从巴尔干切入欧洲腹地。

第二件事，美英两国把各自支持的法国政治首脑吉罗德（General Girard）和戴高乐（Charles de Gaul，1890—1970）硬拉到一起，结成“强迫婚姻”。吉罗德是美国特工从法国南部营救出来的一位法国将军，美国支持他成为未来法国的政治首脑；戴高乐则是英国一直支持的“自由法国”运动的领导人。鉴于盟军即将重返欧洲，罗斯福和丘吉尔都觉得有必要把法国的两派首脑合并起来加以利用。1月24日，吉罗德与戴高乐在罗斯福和丘吉尔面前做了一次“勉强的握手”，两人同意组成法兰西民族解放委员会，同任主席。后来，缺乏政治才干的吉罗德很快便被戴高乐排挤了出去。

第三件事，盟国第一次明确了战争的最终目的是迫使轴心国无条件投降。1 月 24 日，当着丘吉尔的面，罗斯福在记者招待会上宣布：“总统和首相在考虑了世界大战的局势之后，比以往更加确信：只有彻底摧毁德国和日本的战争力量，世界才能恢复和平。这就是我们能够把战争的目的非常简单地表述为：德国、日本和意大利无条件投降。”

据说，这个宣言是罗斯福一个人想出来的，是他长时间以来深思熟虑的结果。在罗斯福讲这番话的时候，丘吉尔表情尴尬，因为他们事先并未谈及此事。丘吉尔随后强作笑容，讲了两句赞成的话，毫无热情地提议：为“无条件投降”干杯。

1942年，丘吉尔成为第一位飞往莫斯科的盟国领导人，在克里姆林宫会见斯大林。丘吉尔把他的战略浓缩成一幅草图，他画了一只鳄鱼，告诉斯大林：法国是希特勒坚硬的鼻子，但地中海则是轴心国的“柔软下腹部”，是盟国应该首先攻击的地方。

——［法］亨利·米歇尔《第二次世界大战》

西西里登陆

1943年6月，盟军开始实施代号为“爱斯基摩”的西西里登陆计划。进攻部队包括陆、海、空三军，地面部队主要是巴顿将军麾下的美军和蒙哥马利将军的英军及英联邦军队。

从6月初开始，盟国空军首先对突尼斯与西西里之间的一个小岛泰雷利亚进行了持续空袭。墨索里尼曾经吹嘘说，泰雷利亚坚不可摧。但是，6月11日，盟军刚刚登陆泰雷利亚岛，1.2万名意大利守军很快就在次日投降了。

7月2日起，盟国空军开始轰炸西西里岛。7月9日深夜，3200艘各类舰只运载着16万盟军，由1000架飞机、1700门大炮、600辆坦克提供掩护，在西西里东南部实行两栖登陆，伞兵在敌后夺取机场。

当时，盟军在历史上首次使用了登陆艇，这种船是平底的，可以冲上海滩而不受损伤，船头有自动吊门。盟军未遇很大抵抗便登上了陆地，只是有些卵石撞坏了一些登陆艇，还有一些伞兵空投过早，落到了海里。

守卫西西里岛的意大利军队有 10 个师、23 万人，但是半数是所谓“海防部队”，也就是上了年纪的胡子兵。

墨索里尼听说盟军登陆之后，大言不惭地宣称：“决不让一个敌人活着离开这个岛屿”，然而，盟军副总司令亚历山大将军描述说：“防守海岸的意大利师，几乎一枪未放就瓦解了，而那些野战师一遇到盟军就像迎风扬糠那样四散逃跑。”

与意大利军队不同，当时驻守在西西里岛北部的德军，大约 7 万人，进行了非常顽强的抵抗。

蒙哥马利指挥的第 8 集团军在叙拉古（又称锡拉库萨）登陆后，沿着海岸向西北方向推进。7 月 12 日，英军攻克锡拉库萨，随即被两个凶狠的德国师挡住了去路，在卡塔尼亚郊区陷入阵地战状态。而巴顿指挥的第 7 集团军在杰拉登岛后，却如秋风扫落叶般地荡涤着意大利军队，进军神速。

战役总指挥亚历山大将军多次命令巴顿停止前进，支援蒙哥马利，但是，都遭到了巴顿的拒绝。艾森豪威尔也认为英国第 8 集团军实力强大，无须增援。就这样，巴顿一路挺进，7 月 20 日攻占巴勒莫，继而折头向北，向墨西拿急进。

7 月 25 日，希特勒急令西西里德军迅速撤离，英军才迈开大步直指墨西拿。8 月 5 日，英军占领卡塔尼亚。8 月 17 日晨，美军领先进入墨西拿。2 日后，巴顿在墨西拿市中心广场举行了盛大的阅兵庆典。西西里一役，盟军顺利得胜。

美中不足的是，盟军的行动过分谨慎了。事先高估了敌军炮兵的实力，没敢在西西里岛东北部登陆，截断敌军的退路。结果，驻守该岛的德军得以将部队和装备近乎完好地撤回意大利本土，总计 5 万德军、1 万辆车。盟军抓获的 20 万俘虏全都是意大利人。

1940 年，意大利与德国签署《德意同盟条约》的时候，希特勒私下说："我宁可与英国人签订同盟条约。从人种的观点来看，他们比拉丁人更接近德国人民。"

——［英］利德尔·哈特《第二次世界大战战史》

意大利崩溃

1943 年 7 月 10 日，盟军胜利登陆西西里岛。法西斯军队节节败退，意大利各界大惊失色，法西斯政权滑到了崩溃的边缘。

7 月 19 日，墨索里尼在意大利北部菲尔特附近的一处农舍会见了希特勒。随行的有意大利总参谋长安尔罗西奥等人，他们事先商定，由墨索里尼向希特勒说明："意大利已不能继续打下去了，需要缔结停战协定。"墨索里尼在背后埋怨德国人说："这些讨厌的家伙，你把手指给他们，他们还要你的胳臂。"但是"当着希特勒的面，他的勇气又消失了"。

据翻译史密特说："在一大批意大利军官面前，墨索里尼被希特勒狠狠地训了一通。"希特勒主张，将意大利军队在墨索里尼的统率下交由德国将领指挥，也就是要对意大利实行全面的军事控制。这一切使意大利军官们彻底失望了。

就在会晤期间，传来了盟军在大白天首次大规模轰炸罗马的消息。墨索里尼心神不宁地回到了罗马。

回首过去的几年，墨索里尼不但未能实现参战的目的，反而把旧有的殖民地也丢失了，意大利海军被赶出了家门口的地中海，甚至连未曾动员的意大利北部也遭到了盟军的轰炸。西西里失守之后，整个意大利半岛已经毫无遮拦地暴露在盟军的打击之下，再也找不到一处安全的地方了。

意大利人对德国的怨恨已经到了无以复加的程度。德国没有履行诺言向意大利供应煤炭，从罗马尼亚运来的石油“比眼药水还少”。意大利第 8 集团军开进苏联时有 22 万人，现在只剩下了 8 万人；而且，德军总是把最危险的任务派给意大利军队，同时又对意大利官兵冷嘲热讽。德国人那幅傲慢、冷酷、轻蔑的态度，让自负而又敏感的意大利文武高官们难以忍受。

德军在意大利的横征暴敛，也让人民怨声载道。一位意大利地方官直言不讳地对德国官员说：“人民的情绪就是那样，你们不得人心，那是你们自己造成的。你们征用了各种东西，并且吃光了小鸡。”

在这种形势下，摆脱德国就成了意大利人唯一明显的自救之路。而摆脱德国的前提，首先是摆脱墨索里尼。于是，意大利统治集团内部的各派不约而同地做出了决定：抛弃墨索里尼来摆脱危机。

针对墨索里尼的反叛行动，最先从意大利法西斯党内部爆发出来。一些法西斯元老提议，召开从 1939 年以来一直没有开过的法西斯党大委员会，希望以此向他们的领袖提出最后通牒。

7月24日下午5时，法西斯大委员会在威尼齐亚宫的鹦鹉厅开会，与会者都穿着法西斯制服出席。法西斯党元老、前外交部部长迪诺·格兰迪（Dino Grandi，1895—1988）发难说："独裁的方法失败了……墨索里尼不但疏远了公众舆论，还把意大利带到了灾难的年代；今后应该恢复国王维克多·伊曼纽尔三世（Vittorio Emanuele Ⅲ，1869—1947）被法西斯主义剥夺掉的某些权力。"最后，他满含感情地说："领袖，我们都是一条船上的人，听听你忠诚的老战友们发自肺腑的呼声吧！让我们有机会与你分担全部责任，同存共亡！"

更令墨索里尼心寒的是，他的女婿、外交部部长加莱阿佐·齐亚诺（Cialeazzo Ciano，1903—1944）也指责说："我们自1940年6月入侵法国后，就一头栽进了希特勒的怀抱。这是死神的怀抱。"

会议一直开了足足9个多小时，25日凌晨2时30分，法西斯大委员会对格兰迪的提议案——"恢复宪制，军队由国王指挥，墨索里尼只担任党的领袖"——进行了表决。结果出乎墨索里尼的意料，19票赞成，8票反对，1票弃权。墨索里尼脸色铁青，霍地站了起来，一边收拾公文包一边说："你们制造了危机，你们毁灭了法西斯主义！散会！"

会后，"黑衫党"指挥官加尔比亚蒂主张立即逮捕那19人，把德国的党卫军请进来，并将战线撤回到下阿尔卑斯。但是，墨索里尼认为这个决议没有法律效力，在国王那儿还有"充分的回旋余地”。他打电话到王宫，要求马上会见国王。

然而，他根本没有料到，国王早已布好了圈套。国王知道，墨索里尼已经成了孤家寡人，不再是什么严重的威胁了。为了使自己显得高大一些，这位形如侏儒的国王在接见墨索里尼之前特意穿上了军装。

7 月 25 日下午 5 时，墨索里尼来到萨伏依皇家别墅。国王与他热烈握手，然后对他说：“我亲爱的领袖，这样下去不行了。意大利处境艰难。军队被彻底打败了，士兵也不愿意再为你打仗了……现在你是意大利最令人憎恨的人。领袖，眼下你没剩下一个朋友。只有一个人还是你的朋友，此人就是我。因此，你不必担心你的安全。我已决定邀请巴多格里奥元帅（Pietro Badoglio，1871—1956）接任政府首脑职务。他会组织自己的内阁治理国家并进行战争的。”

“那么，一切都完了，”墨索里尼连说了三遍，然后说，“那我怎么办？我的家庭怎么办？”国王连连重复说：“我很遗憾，非常遗憾，没有别的解决办法，我很遗憾。”说着便起身送客，并握手告别。整个会见不到 20 分钟。

墨索里尼神情恍惚地走出会客厅。一名持枪的宪兵中尉随即逮捕了他，把他塞进一辆救护车，从别墅后门风驰电掣地开走了。为了墨索里尼的“安全”起见，他先被拘押在荒无人烟的马达莱纳岛，后来又转移到了亚平宁山脉大萨索山上的一间平房里。

墨索里尼的垮台，对盟国来说，是道义和政治上的巨大胜利，具有重大的象征意义。这个意大利领袖，欧洲法西斯主义的创始人，已经被他自己所创办的党、人民和历史所抛弃了。

逮捕墨索里尼的当天晚上，国王命令巴多格里奥元帅组织内阁，并向全世界广播了这个消息。巴多格里奥组织了一个纯军人内阁，不久便解散了法西斯党。为了安抚德国人和争取时间，巴多格里奥宣布战争仍将继续进行下去。他害怕德国做出令意大利无法招架的激烈反应，只有在盟国能派出大部队登陆意大利本土并抢先赶到罗马的情况下，他才愿意“跳槽”。

但是，希特勒并不信任“意大利败类”，他把他的朋友墨索里尼的遭遇看成是对他本人的侮辱。希特勒对墨索里尼表现出深厚而真诚的友谊，他觉得自己与这位领袖心心相印，因为他们走过同样的道路。德军很快便取代意大利部队接管了铁路和桥梁，也就是说，一有必要德军就能迅速进行干预。

8 月 5 日开始，巴多格里奥的代表与盟国在西西里秘密谈判停战条件。意大利希望盟军在罗马北部登陆，并派一个空降师来占领罗马。8 月 31 日，盟国以最后通牒的方式向意大利下达了停战协定：“全部武装部队立即无条件投降；要么接受，要么拉倒。”巴多格里奥政府所受到的待遇并不比墨索里尼政府更好。这些意大利人反复无常，倒戈如此容易，使盟国对他们毫无信任。

9 月 3 日，巴多格里奥政府代表在盟军起草的停战协定上签字，意大利向盟军投降了。不过，意大利要求暂时保密，等到登陆那一天再公布。意大利希望留一点时间来稳住脚跟，把意大利部队与德军隔离开来，控制住盟军将要空投兵力的几个机场。

9月3日夜间，蒙哥马利的2个师未遇抵抗就渡过了墨西拿海峡，向意大利本土南部挺进。从此，盟军重返欧洲大陆已成事实。

9月8日傍晚6点30分，艾森豪威尔在广播中宣读了停战宣言。一个半小时之后，巴多格里奥也宣读了停战宣言。

9月9凌晨，盟军4个师在距离罗马很远的萨勒诺登陆，向意大利西海岸进军。显然，盟军选择在南部登陆是想避免“靠不住的”意大利部队向他们开火，但是，盟军却遭到了早有防备的德军的猛烈阻击。

巴多格里奥自知无力防守罗马，便携同国王仓皇出逃。9月10日清晨，意大利王室和巴多格里奥内阁成员到达意大利东南角的港口城市布林迪西，在盟军占领区成立了反法西斯的意大利政府机构。10月13日，巴多格里奥政府对德国宣战。同时，英、美、苏3国也发表宣言，承认意大利为共同作战一方。

数十万在德国工作的意大利人成了德国人质，受到囚禁或者被关进了集中营。士气涣散的意大利部队几乎束手就擒，一枪不放就做了德军的俘虏。在土伦，几个德国水兵俘虏了几千名意大利士兵。只是在希腊克法里尼亚岛上，甘丁将军指挥意大利军队与德军展开了7天的战斗，最后，包括甘丁将军在内的所有意军官兵被俘后全部遭到杀害。唯一幸运的是，意大利的舰队由于事先知道了停战条款，大部分都逃脱了德军的控制。这些意大利舰艇后来大部分都被盟国用在了大西洋航线上。

1943 年 10 月，盟军在意大利作战的部队主要是美军 5 个师和英军 9 个师，而德军在意大利战场上却有 22 个师。但是，盟军兵力虽弱，士气却非常高涨，不断地发动进攻。

1945 年 4 月 29 日，美军进入米兰，英军进入帕多瓦；同一天，德国西南集团军代表签署了无条件投降书。意大利战役终于以盟军的胜利而结束。

整个战役期间，盟军在西西里和意大利共伤亡近 33 万人。而轴心国伤亡了约 66 万人，如果加上在非洲的伤亡，轴心国死伤和被俘总数约有 160 万人。

丘吉尔私下抱怨，英国小毛驴受到俄国熊和美国大象的挤压。两个大动物赞成直接攻击德国，因为他们有力量这么做。斯大林人员富余，不担心伤亡，罗斯福能提供巨大火力，他们不像丘吉尔愿意等到德国被消灭为止。

——［法］亨利·米歇尔《第二次世界大战》

德黑兰会议

随着盟国在各条战线上的顺利进军，苏、美、英三国首脑认为有必要尽快召开高峰会议，协调对德作战的方针，商讨战后欧洲的安排问题。关于会议地点，斯大林坚持在伊朗首都德黑兰举行，因为他要亲自指挥苏军作战，不能离国境太远。另外，苏、美、英三国在伊朗当时都驻有军队，安全有保障。

但是，德黑兰也是当时近东的一个国际间谍中心。出于安全的考虑，盟国情报人员建议三国首脑分别下榻在各自的使馆内。苏联和英国的大使馆相距不远，但美国使馆离得很远。于是，斯大林邀请罗斯福一行搬到苏联使馆来住，腾出单独的一座楼房供美国客人使用。罗斯福欣然接受。

1943 年 11 月 28 日至 12 月 1 日，苏、美、英三国首脑在战时举行了第一次会晤，史称“德黑兰会议”。

11月28日下午，斯大林从自己的住地走到罗斯福的别墅，做礼节性的会晤。罗斯福与斯大林谈了戴高乐问题。

斯大林说：战后“法国不应当再回到东南亚，法国必须为他们同德国的罪恶合作付出代价”。罗斯福表示，“他百分之百地同意斯大林元帅的意见”，并说他“曾同蒋介石讨论过在东南亚实行托管制度的可能性”。

苏美首脑还谈及印度问题。罗斯福说：“最好不要同丘吉尔讨论印度问题，因为丘吉尔对那个问题没有解决办法。”斯大林表示同意，认为“这是一个触及英国人痛处的问题”。两人谈了半小时，丘吉尔一行来了，于是正式举行第一次会议。

在为期4天的会议上，三巨头主要讨论了开辟欧洲第二战场问题、战后如何处置德国问题、未来的国际组织问题、波兰疆界问题和苏联将参加对日作战问题。

关于开辟欧洲第二战场问题，丘吉尔仍然竭力兜售他的“柔软的下腹部”战略，要求把重点放在地中海战役上。斯大林坚持认为，意大利离德国心脏很远，对德国威胁不大，难以减轻苏军的负担，最有效的办法是从法国攻入德国本土。

罗斯福对丘吉尔的用意看得很清楚，他私下说：“当丘吉尔为他入侵巴尔干的主张辩护时，房间里每个人都明白他的真正用意何在。他迫切想攻入中欧，使苏军无法进入奥地利和罗马尼亚，甚至匈牙利也不让苏军进入。斯大林明白这一点，我明白这一点，每个人都明白这一点。”

经过激烈的争论之后，三国首脑终于达成了最令人鼓舞的决议：1944 年 5 月在法国登陆，实施“霸王战役”。这是德黑兰会议取得的重要成果。

三国首脑随后就战后处置德国问题交换了意见。罗斯福主张战后把德国分割成 5 部分，“分别实行自治”，“要使德国人忘掉‘帝国’这个概念”，因为一个强大的德国会把世界再次拖入战争。丘吉尔认为，“普鲁士是发动战争的祸害，应予以严惩，但对其余部分应宽容些”。斯大林表示，“要分割德国，那就应当是真正的分割”，他不认为“德国人之间有什么不同”。最后，三巨头决定，此事交给欧洲咨询委员会来进一步研究。

关于战后建立国际组织问题，罗斯福已考虑很久了。早在 1942 年 1 月 1 日，美、英、苏、中等 26 个国家签署《联合国家宣言》时，罗斯福就已经开始对外界宣传他的主张。“联合国家”（United Nations）一词也是罗斯福想出来的，可能是从“合众国”（United States）一词派生出来的。

斯大林赞成未来的国际组织应该是世界性的。丘吉尔倾向于设立地区委员会。德黑兰会议在这个问题上没有取得一致意见，留待会后继续研究。

关于波兰疆界问题，主要是在斯大林和丘吉尔之间讨论的。斯大林明确表示，苏波边界应是 1939 年的边界，即苏联继续保有西乌克兰和西白俄罗斯。丘吉尔希望以此换取苏联尊重英国在巴尔干的传统利益。斯大林原则上同意了丘吉尔的意见。

最后，斯大林明确表示，击垮德国法西斯后，苏联将参加对日作战，条件是苏联要求得到库页岛和千岛群岛。罗斯福提出中国大连港可作为“自由港”。

1943 年 12 月 1 日，德黑兰会议结束，签订了《苏美英三国德黑兰宣言》和《苏美英三国德黑兰总协定》。后者作为秘密文件，当时没有公布。会议公报最后说：“我们怀着希望和决心来到这里。我们作为事实上的朋友而在这里分手。”

丘吉尔这位斗牛犬继续争夺英国地位，但美国人现在决心主导西方的战略。在法国和德国的战场上，美国是支配者。英国沙漠战的英雄蒙哥马利，现在成了艾森豪威尔的手下，正如丘吉尔在德黑兰觉察到："三巨头"成了过去，未来越来越是美俄两国的天下。

——［法］亨利·米歇尔《第二次世界大战》

"霸王"行动

1943年秋季，苏联取得一系列重大战役的胜利，苏德战场的战略主动权已经完全转入苏联手中，德国的彻底失败已经是指日可待的定局。如果美、英继续拖延在欧洲开辟第二战场，苏军不仅可能首先占领柏林，而且可能直接打到巴黎，独自解放法国、比利时、荷兰等西欧国家，对战后欧洲的格局形成不利于美、英的既成事实。

此外，德国正在紧锣密鼓地研制威力巨大的"V－1"和"V－2"飞弹，并且将这些飞弹的发射场都配置在法国北海岸，使英国面临随时可能遭受灾难性轰炸的危险。哈佛大学教授莫里森写道："如果我们在1944年夏季不向欧洲北部进攻，那么伦敦势必要被'V－1'和'V－2'飞弹从地球上毁掉。"

因此，美国军政首脑坚决主张美、英军队必须在1944年夏季实施“霸王”行动，大举进攻西欧，抢夺胜利果实，与苏联争夺欧洲。而为了迅速夺取胜利，登陆法国是通往德国的捷径。

1944 年 2 月 12 日，盟国最高军事当局向西欧远征军司令艾森豪威尔将军下达了代号为“霸王”的训令：“向欧洲大陆进攻，并同其他同盟国一起实施旨在打入德国心脏并消灭其武装力量的战役。”

1944 年 6 月初，德军在法国、荷兰、比利时和卢森堡一带共有 58 个师，其中只有 24 个师是装备精良、训练有素的部队。其余每师人数均在 9000 左右，普遍缺编，而且大部分士兵不是太老就是太年轻。这些德军分散驻扎在广大的西线战场。在盟军准备登陆的诺曼底地区，70 千米的正面战场上仅有 2 个德国师驻守。西线德军的作战飞机也只有不到 500 架。

在美、英盟军方面，已做好登陆准备的远征军总兵力为 287.6 万人，其中仅美军就有 153 万人。实施登陆的海军拥有 6 艘战列舰、22 艘巡洋舰、93 艘驱逐舰、255 艘扫雷舰、6000 余艘运输船和登陆船。盟国空军拥有 1.1 万架作战飞机和 2300 多架运输机。盟军对德军拥有的兵力优势是：人员 2.1 倍，坦克 2.2 倍，飞机将近 23 倍。另外，法国本土还有近 40 万人的抵抗力量，他们的游击战牵制了德国占领军的很多兵力。

自 1943 年 3 月起，英美空军就对德国及其占领国实行了“战略轰炸”。1943 年盟军在德国投下了 20 多万吨炸弹，1944 年投掷了 90 多万吨炸弹；轰炸了德国 61 座大城市，摧毁了 360 万栋房屋，炸死 30 多万人，炸伤 78 万人。严重地打击了德国的工业生产、军事部署和军队士气；80％的德国人已经对战争失去了信心。

到盟军登陆前夕，法国基地上的德国飞机已经大部分被炸毁了，剩下的 500 架飞机还有一半因为缺少零件、没有汽油和飞行员而无法升空；残存于英吉利海峡和比斯开湾的德国舰艇也已所剩无几，所以，制空权和制海权已经完全掌握在盟军手中。

1944 年 6 月 6 日凌晨，盟军 3 个伞兵师搭乘 2395 架运输机和 847 架滑翔机，从 20 个英国机场起飞，飞赴法国诺曼底海岸后边的重要地区空降着陆。

黎明时分，英国空军出动 1136 架飞机对德军海岸上的 10 个炮垒进行了彻底的轰炸。随后，美军出动 1083 架飞机对德军海岸防御工事进行了猛烈轰炸。

清晨 5 点 50 分，盟军海军战舰开始轰击德军海岸阵地，炮火连天，地动山摇，盟军登陆兵随即展开了第二次世界大战中规模最大的一次登陆战役，开辟欧洲第二战场的“霸王”行动正式开始。

早晨 6 点 30 分，美国第 7 军第 4 师首先登上了犹他海滩，两栖登陆坦克与步兵一同到达，令德军措手不及，仓皇迎战的德军进行了时断时续的零星炮击。美军在 3 小时之内便肃清了海岸地区的德军，后续部队和供应品源源上岸，当天在这个海滩上登陆了 2.3 万盟军。美军伤亡不到 200 人。

与此同时，美国第 5 军第 1 师在奥马哈海滩登陆，背负沉重的美军士兵跌跌撞撞地刚走下登陆船，便遭到了德军炮火的猛烈袭击。霎时间，成片的士兵横七竖八地被打死打伤在海滩上。随后，美军得到了海军驱逐舰的炮火支援，经过艰苦血战，损失约2000人，终于占领了一条纵深2英里的滩头阵地。到当晚夜间，美军在这个阵地上登陆3.4万人。

英国第2集团军于7点20分开始在金滩登陆，摧毁德军抵抗后，到黄昏时分占领了纵深5英里的登陆场。英国第3师在剑滩登陆后，也经历了激战，当晚与第6伞兵师会合。加拿大第3师在朱诺滩苦战之后，肃清了滩头德军，随即迅猛推进，进展最大，当晚便达到了卡昂一贝叶公路。英、加军队在登陆当天损失约4000人。凌晨时分空投的3个伞兵师损失2499人。

总之，登陆的当晚，盟军便在欧洲大陆上迅速建立了3个登陆场，站稳了脚跟。到6月8日，3个登陆场连成一个总登陆场。到6月12日，盟军已有326547人、54186辆军车和104428吨军用物资在法国上陆，占领了宽80千米、纵深17千米的登陆场。

大队人马登陆后，盟军继续扩大滩头阵地，并向法国内地迅猛推进。7月18日，美军占领了圣洛，英、加军队占领了卡昂；此时，盟军进入诺曼底战场的兵力已达30个师，而对阵的德军只有16个师，约38万人。

到7月25日，希特勒才终于弄清楚，诺曼底战役是盟军的主要战略行动，便急令加莱地区的德国第15集团军驰援诺曼底战线。但是，此时再想阻拦盟军的登陆行动为时已晚。

8 月 6 日，巴顿指挥的美国第 3 集团军切断了布列塔尼半岛上的德军阵线。8 月 8 日，巴顿攻占了勒芒，挥师北上。8 月 13 日，美军和法军扫荡了诺曼底阵线南翼的德军。8 月 17 日，美军拿下奥尔良，18 日攻占夏特勒。

英、加军队与美军齐头并进，8 月 16 日占领了法莱斯，19 日与美军呼应，形成了阿尔让唐—法莱斯口袋阵，包围了德军 8 个步兵师和 2 个坦克师，2 天之内歼敌约 1 万人，俘虏德军 5 万人。

盟军势如破竹，长驱直入，德军在法国全线溃退。德军西线总司令冯·克鲁格被撤职，在回国的途中因为惧怕希特勒把诺曼底的失败归罪于他，服毒自杀了。

伴随着盟军的迅猛进军，法国抵抗运动的战士们也有力地打击了德军，解放了波尔多、马赛、尼斯和其他一些大城市。

8 月 18 日，巴黎人民举行了反对德国侵略者的起义。8 月 25 日，起义部队解放了巴黎；当日，法国第 2 装甲师从巴黎南门和西门进入首都。

巴黎的解放标志着诺曼底战役的胜利结束。经此一战，盟军共消灭、重创德军 40 个师，德军 23019 人阵亡，67060 人负伤，198616 人被俘或失踪，缴获或摧毁德军 1300 辆坦克、2 万辆军车、500 门迫击炮、1500 门野炮或重炮。盟军伤亡 209672 人，其中阵亡将士 36976 人。

希特勒对国外的反应几近完全无知。其驻外代表们的出色表现，是由于对国家社会主义理论的忠诚，而不是专业能力。他们的报告常常把希特勒引入错误的境地，这样一来，他的预见注定要失败。

——［英］安东尼·比弗《1944 阿登战役》

德军绝地反扑

巴黎解放之后，艾森豪威尔秣马厉兵，指挥盟军兵分几路向德国边境挺进。1944 年 8 月 29 日，巴顿麾下的美军占领了马恩河上的夏龙，9 月 1 日攻占凡尔登，9 月 7 日强渡摩泽尔河。英国第 2 集团军于 9 月 3 日解放了布鲁塞尔，9 月 4 日攻占了重要港口安特卫普，直抵荷兰边界。加拿大第 1 集团军沿海岸向东北扫荡，解放了许多海港，9 月 15 日占领了比利时的泽布拉赫，肃清了英吉利海峡沿岸的德军。另一路美军于 9 月 10 日解放了卢森堡首都卢森堡城，9 月 11 日进抵德国边境。到 9 月 21 日，盟军各路大军在德国边境连成一体，准备向德国发起全面进攻。

此时，德军经过 3 个多月的战斗，损失惨重，西线战场上只剩下了 49 个师，而且每师兵力还不到一半。德军将领普遍认为，阵线已经无法防守，必须迅速撤到莱茵河东岸，据险顽抗。但是，希特勒坚决不准德军后退一步，同时竭泽而渔，减少后勤人员，增加作战部队，海军和空军人员也转为步兵，还下令实行“总体战”体制，强迫增加军工生产，成立所谓“人民近卫军”，强征16至60岁的德国男人参军。到1944年11月，希特勒又拼凑了18个师的新兵，派到西线战场。

1944年11月底，希特勒悄悄地将25个德军师集结到比利时东南部的阿登前沿阵地，准备重温4年的闪电突袭美梦，再一次从这里突破盟军防线，直插到布鲁塞尔和安特卫普，迫使西欧盟国缔结单独和约，以便他腾出手来集中对付东线的苏联战场。

对这个代号为“莱茵河上值更”的反扑计划，德国将军们毫无信心，龙德斯泰因私下里叹息说：“安特卫普？如果我们能到达默兹河，我们就跪下来感谢上帝!”

当时，盟军在西线共计有87个师。但是，盟军认为，阿登地域不适于进行大规模的进攻。因此在宽115千米的地段上只配置了美军第1集团军所属的5个师，总计8.3万人、242辆坦克、182门反坦克自行火炮和394门火炮。而德军进攻部队却有官兵25万人，装备900辆坦克和强击火炮、800架飞机、2617门火炮和迫击炮。

在进攻前夕，德军还实施了“麒麟”计划。派出一支由党卫军特种部队和第150坦克旅、会讲英语的约2000人的突击队，乘坐美军的吉普车、穿美军制服深入盟军防线内部。分成小队到处切断电话线，倒转路标，使盟军的预备队走错方向；挂上红布条表示路上埋有地雷，尽其所能地制造混乱。美军被这些德军间谍活动袭扰得惊恐不安。为搜索这些德国小队，许多交通线不能通行，50 万美军士兵只要在路上相遇就互相盘问，搞得美军更加人心惶惶。

最后，这两千名穿着美军制服的德国间谍无一漏网，都被美军宪兵就地处决了。因为根据《日内瓦公约》，穿着对方军服作战属于间谍活动，没有战俘权利，可以直接枪决。

1944 年 12 月 16 日清晨 5 点 30 分，德军在阿登地区发起了猛烈的反扑攻势。中线德军进展最快，12 月 17 日晚一举包围了美军一个新兵师的 2 个团，2 天后俘虏了 8000 名美军。12 月 18 日，德军进抵巴斯托尼，夺取了通往默兹河的交通要道。

美军随即与德军展开了白热化的巴斯托尼争夺战。有一部二战电视剧《兄弟连》，描写的就是美军 101 空降师 E 连坚守巴斯托尼的故事。当时盟军已经掌握了战场制空权，空中支援随叫随到，给养和弹药被大量投放在守军阵地上。美军 101 空降师可以吃火鸡、喝啤酒，而围攻他们的德军只能靠战地干粮充饥。

12 月 25 日，德军攻入了距离默兹河只有 4 英里的小镇塞莱斯，达到了阿登大反攻的顶峰。当日，德军第 2 装甲师与美军第 2 装甲师爆发激战，德军阵亡 2500 人、1050 人被俘，全部 88 辆坦克损失了 81 辆。这一战，美军第 2 装甲师获得了“活动地狱”的称号。

1945 年 1 月 3 日，德军动用 2 个军的兵力对巴斯托尼进行了最后一次猛烈争夺，最后还是被巴顿将军的猛烈还击打退了。1月8日，希特勒被迫命令德军撤退到豪法里兹西部。1月12日，苏军在东线提前发动进攻配合作战，希特勒不得不从西线抽调兵力支援东线作战。美军乘胜追击，但是遭到冰雪阻滞，1月16日进展到豪法里兹。1月28日，德军终于又被赶回了德国边境，恢复了原来的战线。

阿登战役是希特勒的最后一搏，也是西线战场最大的一次阵地战，双方投入将近60个师。经此一战，德军伤亡81834人、损失坦克324辆、飞机320架。盟军1万人阵亡、4.7万人受伤、2.3万人失踪，损失坦克733辆、飞机592架。

双方战损相当，但是盟军能够迅速得到补充，而德军却不能。此后，德军在西线再也无力阻挡盟军的进攻了。

德军在1945年遭受了世界上最恐怖的炮击。在“维斯瓦河—奥得河战役”开战后的半小时里，苏军8000门大炮打出31万发炮弹，直接把德军防线炸成了废墟。

苏军旋即以压倒性火力优势横扫德军，全歼盘踞在波兰的A集团军群，兵锋直指柏林。

——［英］利德尔·哈特《第二次世界大战战史》

苏军全线反攻

赢得1943年斯大林格勒战役、库尔斯克战役等重大胜利之后，苏军完全掌握了战略主动权；德军则在苏联战场上遭受了毁灭性的打击，被迫转入全线防御。

1943年年底，苏德战场的力量对比已经发生了彻底的反转。苏军兵力已经发展到630多万人，而德军及其仆从国兵力只有490万人。苏军总兵力超过敌军30%，坦克、大炮超过敌军70%、飞机超过敌军170%。苏军的实力已占据压倒优势，稳操胜券，具备了发动全面反攻的条件。

从1944年初开始，斯大林抓住有利时机，灵活运用机动兵力，在苏德战线全线发动了一系列不间断的十次战略进攻战役，几乎解放了全部沦陷国土，把战场推到了国境之外，苏联史上称为“十次斯大林突击”。

1944 年 1 月 14 日，苏联列宁格勒方面军挥师南下，首先开始大反攻。1 月 19 日，苏军收复红村和普罗沙，击毙敌军 2 万多人。1 月 20 日解放诺夫哥罗德，歼敌 1.8 万人。德军开始向西溃退，苏军乘胜向西、西南推进了 150 至 250 千米。到 2 月底，苏军已歼敌 9 万多人，俘虏 7200 人，彻底解放了列宁格勒州，为随后解放波罗的海沿岸的 3 个加盟共和国打开了通道。

北线反击尚未结束，1944 年 1 至 3 月，苏军又在南部第聂伯河西岸发起“第 2 次打击”。在南部战场上，苏军一举投入 177 个师的兵力，对德军 93 个师发起猛烈反攻。1 月 25 日，乌克兰第 2 方面军从基洛夫格勒以北发起攻势，向西突击；1 月 26 日，乌克兰第 1 方面军从白教堂东南面发起攻势，向东南突击。2 月 3 日，这两支苏军将科尔松—舍夫琴科夫斯基地区的德军包围起来。到 2 月 17 日，苏军速战速决，全歼被围德军，其中击毙 5 万多人，俘虏 1.8 万人，消灭增援德军 2.8 万人。

到 3 月底，苏军共击溃德军 66 个师，其中全歼 10 个师、1 个旅。苏军向西推进了 400 千米，解放了第聂伯河以西的全部乌克兰土地，并渡过普鲁特河，进入罗马尼亚国境，打开了进军东欧和巴尔干地区的通道。

1944 年 3 月底到 5 月 12 日，苏军又发动了“第 3 次打击”，一举解放了敖德萨和克里米亚半岛，歼敌 14.7 万人，肃清了苏联最南部的敌军。苏联黑海舰队重新获得了在黑海的行动自由，创造了发动海上进攻的有利条件。

1944 年 6 月，配合西方盟军开辟欧洲第二战场的诺曼底登陆战役，苏军发动了强大的夏季攻势，迫使德军在东西两线作战，腹背受敌。

6 月 10 日到 6 月底，苏军向芬兰方面发起强大反攻，一举击溃芬兰军队，迫使芬兰要求停战求和，退出了战争。作为夏季攻势的序幕，这次战役被称为“第 4 次打击”。

6 月 23 日到 7 月底，苏军发起“第 5 次打击”，也即著名的白俄罗斯战役。这一战，苏军投入 250 万兵力、6000 辆坦克、5000 架飞机、4.5 万门火炮和迫击炮，在辽阔的白俄罗斯大地上与 150 万德军进行了 1 个多月的浴血奋战。

7 月 3 日，苏军解放了白俄罗斯首都明斯克。7 月 13 日，解放了立陶宛首都维尔纽斯。7 月 23 日，占领了波兰的重要城市卢布林。7 月 27 日，攻占邵良，逼近里加湾海岸。同一天，苏军进抵波兰的比亚维斯托克城，控制了通往华沙的交通要道。8 月 1 日，苏军渡过涅曼河，逼近德国的东普鲁士。

在白俄罗斯战役中，苏军共歼敌 54 万人，向西推进 500 至 600 千米，解放了白俄罗斯的全部、立陶宛的大部分、拉脱维亚的一部分和波兰的东部领土，并进逼华沙和德国边境，从而开辟了进军柏林的战略要道。

为了配合白俄罗斯战役，7 月 13 日到 8 月底，乌克兰第 1 方面军发起“第 6 次打击”，也即收复西乌克兰的战役。到 7 月 27

日，苏军不仅收复了西乌克兰，而且渡过维斯瓦河，占领了波兰山多梅希以西的地区。8 月，苏军攻入捷克斯洛伐克境内。这一战，苏军共消灭德军 17 万多人。

从 1944 年 8 月 20 日到 9 月底，乌克兰第 2、3 方面军在黑海舰队配合下，发起雅西—基什尼奥夫战役，也即影响巨大的“第 7 次打击”。经此一役，拥有 80 万人的德国“南乌克兰”集团军群几乎全军覆没。苏军推进了 800 至 1000 千米，攻入罗马尼亚和保加利亚，迫使罗马尼亚和保加利亚退出轴心国集团，并对德宣战。

1944 年 9 至 12 月，苏军又连续发动了第 8、9、10 次打击。解放了爱沙尼亚和拉脱维亚的大部分领土，包围了德国在欧洲的最后一个盟国匈牙利的首都布达佩斯，打到了南斯拉夫境内和德国边境。盘踞在芬兰最北部的德军被赶到了挪威北部。

1944 年年底，苏联本土的战役结束，全部领土获得解放。当年，苏军共歼灭德军 200 多万人，不但把德军全部赶出苏联，而且攻进了东欧各国，进逼德国本土。

从 1944 年 10 月份开始的匈牙利战役，一直延续到了 1945 年春季。匈牙利是通往奥地利和德国南部的门户，因此，德军拼命死守这一防线，希特勒不断从各条战线上抽调兵力增援匈牙利战场。

苏军于 1944 年 12 月 26 日包围布达佩斯城内 18 万德、匈军队，一直激战到 1945 年 2 月 13 日才攻占该城。苏军击毙了 4 万多敌军，俘虏了 11 万人。

丢失布达佩斯之后，希特勒又在巴拉顿湖附近集结了 35 个师的德军，从3月5日至15日，发起了强大的反扑。苏军在防御战中歼敌4万多人，随后在3月16日开始反攻。4月初，苏军进入奥地利境内。4月13日，占领了奥地利首都维也纳。一个月之内，苏军推进了200千米，消灭敌军13万人，解放了匈牙利全境和奥地利东部地区，从南部逼近了德国本土。

从南部进逼德国的同时，苏军又从北部发动了规模宏大的维斯瓦河—奥得河战役。这一战，苏军投入180个师、120万人，兵力约为对阵德军的3倍。1945年1月12日，苏军从波兰维斯瓦河西岸的山多梅希发起进攻。1月15日，苏军占领基埃尔策城，随后兵分两路，向西挺进。1月19日，苏军解放了波兰的古城克拉科夫。1月底攻占卡托维兹，肃清了德国的重要工业区——西里西亚的全部德军。西里西亚的地位仅次于鲁尔工业区。失去西里西亚之后，德国的煤产量下降3/4，钢铁产量下降5/6，加速了德国经济的破产。

1945年1月17日，编入白俄罗斯第1方面军的波兰第1集团军攻入祖国首都华沙，苏军也随后入城。由于德军的疯狂迫害，此时的华沙城已是一片废墟，波兰的起义军民尸横街头，惨不忍睹。

此后，苏军对向西溃逃的德军穷追猛打。1月底，苏军在库斯特林附近渡过奥得河，并在河西岸建立了桥头堡。

在历时20多天的维斯瓦河—奥得河战役中，苏军西进了570千米，消灭德军35个师，取得了辉煌的战绩。抵达奥得河之后，苏军距离柏林只有60千米了。

丘吉尔矢志不做“大英帝国的掘墓人”。他认为地中海也是英帝国的一部分。丘吉尔令其军队干预希腊的内战，必要时可以在希腊首都“像在一个被征服的城市那样”行动。美国专家认为，当时正在出现的英苏冲突有可能引起第三次世界大战。罗斯福在觥筹交错之中充当不列颠和苏联之间的仲裁人。

——［法］亨利·米歇尔《第二次世界大战》

雅尔塔会议

战争打到 1945 年 2 月，德国的失败已成定局。在东部，苏军推进到奥得河—尼斯河一线，距离柏林只有 60 千米。在西部，美英盟军已经达到德国边境，即将强渡莱茵河，直插德国腹地。

然而，随着欧洲战争临近结束，美英与苏联之间的矛盾和不信任也浮出水面，迫切需要取得相互谅解。至于如何处置战败的德国和战后欧洲事务，也亟待商讨。同时，美军在太平洋战场上伤亡巨大，急需敦促苏联早日对日本作战。

因此，早在 1944 年 7 月 19 日，罗斯福就致函斯大林，希望再次举行苏、美、英三大国的首脑会议，以便增信释疑，协调盟军的战略合作，安排战后的国际事务和维护战后的世界和平。

1944 年 10 月，丘吉尔飞赴莫斯科，与斯大林讨论欧洲和巴尔干问题。由于斯大林不愿意离开苏联，而罗斯福又想顺带会晤地中海沿岸的一些要人，于是，就将会议地点选定在苏联克里米亚半岛的雅尔塔。

与德黑兰会议一样，三大国只想继续“三巨头”的会晤，没有邀请其他的小国与会。显然这是一场强权者的会议，弱者无法参与。法国的戴高乐将军对此公开表示了愤慨。

1945 年 2 月 4 日至 11 日，斯大林、罗斯福和丘吉尔，偕同他们的外长、参谋长和顾问们，在克里米亚的雅尔塔，举行了第二次世界大战期间又一次重要的国际会议，史称“克里米亚会议”或“雅尔塔会议”。

1945 年 2 月 2 日早晨，罗斯福乘“昆西号”重巡洋舰横渡大西洋到达马耳他，与英国代表团会合。当晚，20 架美国空中霸王和 5 架英国约克式运输机，载着大约 700 名美英官员由马耳他启程。3 日正午前后，飞机降落在雅尔塔附近的萨基机场，受到苏联外长莫洛托夫的热烈欢迎。美英贵宾检阅了仪仗队以后，乘车缓行 80 英里前往雅尔塔。

沿途人口稀疏的乡村，展现出残酷战斗留下的悲惨创伤。罗斯福和他的女儿安娜·伯蒂格坐在第一辆车上，注视着这种战争景象，对德国人的痛恨油然而生。第二天，罗斯福对斯大林说：“我比一年以前更加嗜杀了。”

会议是在末代沙皇的避暑行宫——利瓦吉亚宫（Livadia Palace）举行的。全体会议、领导人的私下会晤、参谋长或外长的分组会、午宴和晚宴穿插进行，气氛时而紧张，时而活跃。

在为期 8 天的会议上，三巨头商定把战后德国划分为几个占领区，批准了《关于德国占领区和管理“大柏林”的协定》，规定苏军应占领德国东部，英军占领德国西北部，美国占领德国西南部。苏美英三国军队共同占领“大柏林”地区。其中，“苏军占领大柏林”的东北部，美英军队占领其西南部。根据丘吉尔的建议，三国同意把德国的一个地区让给法军占领。该地区将从英国和美国占领区中划出。并将邀请法国政府参加盟国对德国管制委员会。会议还规定，战后德国必须解除武装，解散德国总参谋部，拆除德国的军事设备和军事工业，惩办战犯。

关于德国赔款问题，苏联代表主张，应根据“谁对战争胜利贡献大”“谁遭受的损失多”的原则，来分配德国的赔偿。苏联的建议是，德国赔偿总额为 200 亿美元，其中一半应归苏联。丘吉尔认为，不应重蹈第一次世界大战后赔款问题的覆辙，赔款数额和分配方案应该在计算出德国的实际负担能力之后再确定。罗斯福声明，美国除了没收德国在美国的财产外，不要德国的任何赔偿。

由于丘吉尔与斯大林争论不休，三国没有就德国赔偿问题达成协议。最后，三巨头决定在莫斯科成立一个赔偿委员会，进一步研究该问题。

在雅尔塔会议上，几乎每天都讨论到波兰问题。苏联与英、美对波兰边境西移问题、战后组建波兰政府问题进行了激烈的争论。实际上，在雅尔塔会议前夕，苏军已经解放了全部波兰领土，苏联支持的波兰临时政府已经开始接管波兰国内行政权。美、英代表在雅尔塔会议上对波兰问题已无能为力。后来，波兰问题基本上也是按照苏联政府的意图解决的。

罗斯福出席雅尔塔会议的主要目的之一，是催请苏联对日本作战。为了把苏军在远东的行动纳入美国进攻日本的总战略计划之中，美、苏两国将中国的权益当成了政治交易的砝码。

2 月 10 日，斯大林、罗斯福两人邀请丘吉尔共同在“秘密的雅尔塔协定书”上签了字。秘密协定全文如下：

> 苏美英三大国领袖同意，在德国投降及欧洲战争结束后 2 个月或 3 个月内苏联将参加同盟国方面对日本作战，其条件为：
>
> 1. 外蒙古（蒙古人民共和国）的现状须予维持。
>
> 2. 由日本 1904 年背信弃义进攻所破坏的俄国以前权益须予恢复，即：甲、库页岛南部及邻近一切岛屿归还苏联；乙、大连商港须国际化，苏联在该港的优越权益须予保证，苏联之租用旅顺港为海军基地须予恢复；丙、对担任通往大连之出路的中东铁路和南满铁路应设立一个苏中合办的公司以共同经营之；经谅解，苏联的优越权益须予保证，而中国须保持在满洲的全部主权。
>
> 3. 千岛群岛须交予苏联。
>
> 经谅解，有关外蒙古及上述港口铁路的协定尚须征得蒋

介石委员长的同意。根据斯大林大元帅的提议，美国总统将采取步骤以取得该项同意。三强领袖同意，苏联之此项要求须在击败日本后毫无问题地予以实现。

苏联本身表示准备和中国国民政府签订一项苏中友好同盟协定，俾以其武力协助中国达成自日本枷锁下解放中国之目的。

此外，雅尔塔会议还讨论了联合国问题，就安全理事会的表决程序达成了协议，并决定于1945年4月25日在美国旧金山召开联合国家国际组织会议，以便成立联合国。会议还决定，联合国安全理事会的5个常任理事国是苏联、美国、英国、中国和法国。

1945年2月12日，雅尔塔会议结束后，公开发布了《英美苏三国克里米亚（雅尔塔）会议公报》。

为了战胜德国，从斯大林到各个元帅，儿子全上前线了，牺牲者众多。斯大林的小儿子瓦西里，击落过 2 架德国飞机；米高扬的 3 个儿子（1 个战死）；赫鲁晓夫的儿子在空战中战死；伏龙芝之子铁木尔在前线战死；贝利亚之子谢尔戈、戈沃罗夫元帅之子、梅列茨科夫元帅之子、亚罗斯拉夫斯基之子……都死在了斯大林格勒的废墟和勒热夫的冰雪中了。

——［苏］杰列维扬科《第二次世界大战史》

易北河会师

1945 年 2 月初，西方盟军已经全线进抵莱茵地区，开始肃清莱茵河西岸从荷兰阿纳姆到瑞士边界的德军，准备强渡莱茵河，向德国腹地进军。德军遭受阿登战役的失败之后，士气低落，兵力和装备又无法补充，已经无力招架盟军的强大攻势了。

1945 年 3 月 7 日，美国第 1 集团军的第 9 装甲师进抵雷马根，惊奇地发现，莱茵河上的鲁登道夫大铁桥竟然未遭破坏。随后查明，德国人准备在下午 4 时炸桥。美军坦克当即向大桥四周开火，无意中炸断了德军敷设的炸桥引线。

下午，当德国人扭动开关引爆炸药时，引线失灵未能起爆，大桥安然无恙。这时，美军探索着冲过大桥，在桥东建立了第 1

个桥头堡。艾森豪威尔闻讯后非常高兴，支持美军迅速渡河。3天后，美军已经有4个师渡过莱茵河，并在东岸坚决击退了德军的多次进攻。

到3月底，美、英、加、法等西方盟国的85个师先后抢占了莱茵河上的很多渡口，相继渡河向德国腹地挺进。

3月29日，艾森豪威尔向盟军下达一条爆炸性的命令："盟军的主要突击方向不是柏林，而是莱比锡和德累斯顿。……分割消灭敌军，并与俄国军队会师。"

丘吉尔接到消息后，大为恼怒，急得像热锅上的蚂蚁。他认为"柏林是头等重要的政治目标"，因为战后欧洲的斗争显然将会在英美与苏联之间进行。他赶紧打电报给罗斯福，反复申述说："我们应该尽可能地向欧洲东部推进，如果能拿下柏林的话，我们就应该占领柏林。"

但是，罗斯福回电表示，全力支持艾森豪威尔的决定。一周后，1945年4月12日下午3时35分，罗斯福总统突然患脑出血病逝了。盟国军民无不为之悲恸。苏联最高苏维埃开会时全体起立默哀，英国下议院开会时，只开了8分钟便宣布休会。

罗斯福去世后，丘吉尔再也无法对艾森豪威尔施加压力了。实际上，艾森豪威尔不打柏林自有道理。首先，因为希特勒发动阿登反扑，盟军的进展耽误了6个星期。当苏军已经到达奥得河边，距离柏林只有60千米时，盟军却距离柏林仍有480千米之遥。争夺柏林的竞赛显然已经希望渺茫。同时，希特勒仍在柏林，困兽犹斗，强攻德国首都必然付出重大的伤亡代价。另外，美国希望争取苏联参加对日本作战，宁愿在欧洲战场上对苏联有所谦让。因此，艾森豪威尔决定不与苏联争夺柏林，而“尽量多用美国军队去占领德国”。

1945 年 4 月 1 日，美国第 1 和第 9 集团军渡过莱茵河之后，迅速对德国最重要的鲁尔工业区形成包围，将德国 B 集团军群 18 个师围困在鲁尔地区。德军组织了两次突围都失败了。

4 月 14 日，德军司令官莫德尔元帅下令解散 B 集团军群，以免部队遭受投降之辱。士兵们有 3 条出路：回家去、以个人身份投降、自行突围。4 月 15 日，美军发动局部进攻，把被围德军分成两部分。4 月 18 日，被围德军陆续投降了，美军俘获 32.5 万人，包括 30 名德国将军。莫德尔司令自杀了。

不等鲁尔战役结束，美国第 1 和第 9 集团军便日夜兼程，每天以 50 千米至 80 千米的速度向东挺进。

4 月 11 日，美国第 9 集团军的先头装甲部队跑到了易北河（Elbe River）边，并顶住德军的猛烈反击，建立了 1 个桥头堡。

4 月 19 日，美军占领了莱比锡。25 日，美国第 1 集团军的巡逻队在托尔高与苏军会师，从而把德国分割成两半。美苏两军商定，沿易北河其支流木耳德河来划分两军的会合线。

4 月 20 日，美第 7 集团军在南方攻下了纽伦堡，渡过了多瑙河，进入巴伐利亚平原，4 月 30 日解放了慕尼黑，5 月 4 日占领了萨尔茨堡。

5 月 2 日，英国第 2 集团军在北方占领了卢卑克，进抵波罗的海，在维斯马与苏军会师。5 月 3 日，汉堡德军投降。5 月 5 日，荷兰、丹麦及德国西北部的德军向蒙哥马利投降。同一天，奥地利境内所有德军向盟军南方集团军群无条件投降。

这时，德军兵败如山倒，残兵败将像潮水一般涌往西线，向美英军队投降，因为他们很多人在苏联作恶多端，生怕遭到苏军的惩罚，所以极力逃避被苏军俘虏。骄横一时的德国政府已经山穷水尽，走投无路了。

德国在两天内向盟军投降了两次。1945 年 5 月 7 日，在法国兰斯的盟军西线指挥部，约德尔代表德国签署了无条件投降书。次日，在柏林一所学校的餐厅里，再次举行投降仪式，凯特尔代表德国在朱可夫面前签署了投降书。投降会结束后，苏方笑容满面走出会场，德国代表们垂头丧气。

——［苏］杰列维扬科：《第二次世界大战史》

柏林终结战

1945 年 3 月底，苏军完成了进攻柏林的战役准备。在 200 多千米的战线上，苏军部署了 250 万人，配备了 7500 架飞机、41600 门大炮和迫击炮、6250 辆坦克。

但是，柏林之战很不容易。这个纳粹大本营面积达 300 多平方千米，建筑物、桥梁、运河构成了天然的抵抗阵地，地下铁道和地下桥梁、涵洞为德军提供了非常便利的机动空间。希特勒在柏林城周围构筑了 3 层防御圈：最外一层沿着当地的湖泊、河川构成，距离市中心半径为 24 至 40 千米；第 2 层利用郊区的森林筑成，距离市中心 12 至 20 千米；第 3 层沿着柏林的环城铁路构筑，并将柏林市区划成 9 个防御区，分兵防守。

柏林外围的德军兵力约有 100 万人，市内还有近 20 万人的守备队，装备有 3300 架飞机、10400 门大炮和迫击炮、1500 辆坦克、300 多万发火箭炮弹。

毫无疑问，苏军的优势是不容置疑的。1945 年 4 月 16 日，是列宁诞辰 75 周年纪念日。苏军决定在这一天发起攻势，以实际行动纪念伟大的革命导师。4 月 16 日凌晨 5 时，白俄罗斯第 1 方面军从柏林正东的奥得河地段开始炮击。5 时半，苏军发起冲锋，迅速突破了第 1 道防线。下午，白俄罗斯第 1 方面军出动两个坦克集团军在泽劳弗高地，与德军展开一场恶战。经过 4 昼夜的激战，苏联突破了 3 道防线，逼近了柏林防御圈。

4 月 20 日，苏军首次炮击柏林市区，向柏林倾泻了 25000 吨炮弹。当天是希特勒的 56 岁生日。他在地下室里举行了寿宴，曲终人散时，党羽们挥泪而别。希特勒自知来日不多，他要求德国士兵和柏林市民“死守柏林直到最后一人”，与第三帝国共存亡。

4 月 21 日，白俄罗斯第 1 方面军从东面、北面，乌克兰第 1 方面军从南面和东南面冲入柏林市区。4 月 24 日，白俄罗斯第 1 方面军和乌克兰第 1 方面军在柏林的东南侧会师，切断了德国第 9 集团军和德国第 4 装甲集团军与柏林市区的联系。4 月 25 日，白俄罗斯第 1 方面军和乌克兰第 1 方面军又在柏林西侧的波茨坦会师，完成了对柏林市区的包围。

到 4 月 29 日，战斗已发展到市中心。在激烈的巷战中，德军野蛮地拼死作战，苏军付出了重大的伤亡代价，一个个攻占了市内的建筑群。4 月 29 日下午，苏军战士在炮火声中把一面红旗插在了德国国会大厦的圆顶之上，迎风招展的红旗宣告了德国法西斯的灭亡。苏军官兵涌向国会广场，跳起欢乐的舞蹈，庆祝以鲜血赢来的胜利。

这时，希特勒所统治的地方就只剩下了几百平方米的总理府地堡了。4 月 29 日夜晚，这位元首同 35 岁的爱娃·布劳恩举行了简单的结婚仪式。4 月 30 日上午，希特勒与他身边的人凄惨地一一握手告别。下午 3 时许，在总理府地下室里，希特勒朝自己的脑袋开了一枪，与新娘子一起自杀了。按照希特勒的嘱托，他们的尸体被浇上汽油焚化了。当时，苏军已经打到了 500 米之外。5 月 2 日清晨，德军柏林城防司令魏德林将军下令停止抵抗，柏林市内的战火逐渐平息下来。

在 16 个昼夜的柏林攻城战斗中，苏军共消灭和俘虏 40 多万德军。

根据希特勒的遗嘱，海军元帅邓尼茨被任命为德国总统和武装部队最高统帅。5 月 7 日，邓尼茨指派约德尔前往西方盟军司令部所在地——法国的兰斯，向盟军投降，代表德国最高统帅部签署了所有战线的无条件投降书。

对于兰斯的投降仪式，斯大林很不满意。他认为，苏军是战胜德国的主力，柏林是苏军攻克的，投降仪式应该在柏林举行。苏联政府与美英政府商讨之后，于 5 月 8 日 24 时，在柏林重新举行了德国无条件投降仪式。仪式由苏军元帅朱可夫主持，英国空军上将泰德、美国战略空军司令斯巴兹将军和法军总司令德·塔西尼出席仪式。陆军元帅凯特尔、海军上将弗雷德堡、空军上将什图姆普弗代表德国在投降书上签了字。

此后的几天里，在各地战场大约 400 万德军向盟军投降了。在一些岛屿上，德国守军直接向他们看守的盟军俘虏投降。至此，欧洲战场终于以盟军的最后胜利而宣告结束。

日本的崛起源于明治维新，及其开启的工业革命。工业革命改变了日本的社会结构，社会结构不再以农村为基础，而以城市为基础，结构变化导出了巨大的社会能量，直接结果就是日本国力的飙升。

——［美］贾雷德·戴蒙德《枪炮、病菌与钢铁：人类社会的命运》

东方祸根

当西方列强为争夺欧洲霸权而剑拔弩张的时候，东方已经在遭受东洋豺狼的凶残撕咬。

日本是第二次世界大战的东方祸根。过去，这个太平洋中的岛国也曾受过西方列强的欺侮。但是，自 19 世纪中叶开始，日本实行明治维新（Meiji Restoration，1868—1890），采取“脱亚入欧”的国策，1889 年颁布《明治宪法》，1890 年开设国会，确立君主立宪制，推行富国强兵、殖产兴业和文明开化三大政策，国力迅速增强，随即也走上了对外侵略扩张的道路。

1876 年，日本侵占了中国台湾。

1895 年，又在甲午战争中进犯中国，逼迫清政府签订了《马关条约》。

1904 年，日本挑起日俄战争，夺取了库页岛南部。

1910 年，日本入侵、吞并了朝鲜半岛。第一次世界大战中，日本又趁机出兵山东，抢占了原由德国驻军控制的青岛和胶济铁路。

如果侵略受不到惩罚，掠夺总是得逞，那么强盗怎么会停止行凶抢劫呢？靠侵略起家的日本欲壑难填、得陇望蜀，对外抢掠的野心不断膨胀，军国主义势力在日本越发得势。

1919 年，日本就出现了一个叫“犹存社”的法西斯组织。随后，“国本社”“一夕会”等 120 多个千奇百怪的法西斯组织遍布日本社会。到 1936 年，日本法西斯组织已经增至 500 多个。这些法西斯组织秉承日本军国主义传统，主张所谓“天皇归一”的忠君思想，要求建立军部法西斯独裁统治，实行国民经济军事化。

1927 年 6 月 27 日，日本政府召开“东方会议”，内阁首相兼外相田中义一（1864—1929）向天皇提出了臭名昭著的“田中奏折”（《帝国对满蒙之积极根本政策》），公然叫嚣“如欲征服中国，必先征服满蒙。如欲征服世界，必先征服中国”。田中建议，先占领中国，然后，再利用中国的资源征服印度和南洋各国，进而征服小亚细亚和欧洲。

1929 年，日本军队内最大的法西斯组织——“樱会”成立，大多数高级将领都成了法西斯组织成员，日本军部至此完成了法西斯化。1931 年 4 月，日本军部制定了侵略中国东北的具体计划，并于 9 月 18 日悍然发动了入侵中国的“九一八事变”。

在 1930 至 1936 年间，为了夺取国家政权，将整个国家变成对外侵略的战争机器，日本法西斯军国主义组织连续制造了多起暗杀和政变事件。

1930 年 11 月，公开反对侵华、绰号“雄狮宰相”的日本第 27 任首相滨口雄幸（1870—1931）被法西斯组织“爱国社”刺杀身亡。随后，一些反对法西斯战争政策的日本政府官员、财阀和社会人士也受到了残酷的杀害。

在法西斯势力的反复清洗之下，到 1936 年 3 月成立的广田弘毅（1878—1948）内阁，实际上已经完全沦为听命于军部的傀儡政府，法西斯军国体制在日本最终确立下来。

1931 年 9 月，日本侵略中国东北后，中国国民党政府向由英国和法国操纵的“国际联盟”提出了控诉。“国际联盟”却根据日本代表的建议，派出以英国人李顿侯爵为首的调查团，到中国“了解情况”。

1933 年 1 月，日本的侵略矛头进逼中国华北，于 3 月中旬占领了中国热河省和察哈尔北部。

1933 年 2 月 24 日，国联大会以 42 票赞成、日本 1 票反对的表决结果，通过决议接受《李顿调查团报告书》，重申不承认伪满洲国。为了放手侵略中国，1933 年 5 月日本退出了“国际联盟”。

由于侵略一再得手，日本法西斯的战争狂热更加肆无忌惮。为了加紧侵华步伐，日本国民经济全面转向军事化。到 1936 年时，日本军费已经比 1931 年度增加了一倍以上，占到国民总产值的 47%。军工生产急剧膨胀，坦克部队、机械化部队和化学武器部队规模不断扩大。军队规模也从 1930 年的 23 万人扩充到 1936 年的 38 万人。

1937 年 7 月 7 日，日本悍然发动全面侵华战争，标志着远东战争策源地的最后形成。

中日战争既然是持久战，最后胜利又将是属于中国的，那末，就可以合理地设想，这种持久战，将具体地表现于三个阶段之中。第一个阶段，是敌之战略进攻、我之战略防御的时期。第二个阶段，是敌之战略保守、我之准备反攻的时期。第三个阶段，是我之战略反攻、敌之战略退却的时期。

——毛泽东《论持久战》

日本发动侵华战争

1931 年 9 月 18 日晚 10 时 30 分，日本关东军驻南满铁路守备队柳条湖分遣队，奉命炸毁了沈阳北郊中国东北军驻地附近的一段不到 1 米长的南满铁路路轨，然后反诬中国军队破坏铁路。

半小时后，日军炮轰中国东北军驻地北大营，发起突然袭击，九一八事变爆发。驻守北大营的东北军接到东北军总司令张学良的命令，不战而退。

19 日凌晨，日军占领了北大营，中午 12 时，日军占领沈阳城及郊区的各重要军事机关和设施。同一天，日军还占领了辽阳、营口、抚顺等 20 余座城市，略地千里。

9 月 21 日，日本驻朝鲜的一个旅团渡过鸭绿江，进攻吉林、辽宁。一周之内，吉林、辽宁两省沦陷在日军的铁蹄之下。11 月

19 日，黑龙江省也失陷了。1932 年 1 月 2 日，日军进攻锦州，直逼山海关，中国军队全部撤退到关内。短短 3 个月的时间，中国东三省的大好山河全部陷落了。

日军轻易攻占中国东北三省，主要是因为中国国民党政府的不抵抗政策。当时，日军在东北的兵力还不到 1.5 万人，即便全日本的兵力也不过 23 万人；而中国东北军仅正规军就有 10 多万人，全东北的总兵力不下 30 万人，武器装备也不比日军差。然而，国民政府首脑蒋介石一心只想消灭中国共产党、围剿中国工农红军，奉行“攘外必先安内”的不抵抗政策。日军发动进攻后，蒋介石通令东北军：“绝对不抵抗，缴械则任其缴械，入占营房即听其侵入。”日军攻占锦州后，蒋介石又命令东北军一枪不放地撤到关内。

受到中国国民党政府不抵抗政策的鼓励，1932 年 1 月 28 日，日军又对上海发动了武装进攻，妄图夺取中国沿海重镇，建立通向长江流域和中国内地的侵略基地。驻守上海的中国第 19 路军在未接到抵抗命令的情况下，自动奋起自卫，迎头痛击敌军，粉碎了日军在 4 小时内占领上海的狂言。在蒋光鼐（1888—1967）、蔡廷锴（1892—1968）将军指挥下，19 路军打退了日军一次又一次的进攻，歼敌 1 万多人；日军四易指挥官，兵力从 6000 人增加到 10 万人，一个月后仍被阻击在沿海的狭窄地带。

但是，蒋介石对 19 路军的英勇抗战根本不支持，不仅不派援军，反而命令 19 路军“及早收束，避免再战”。同时，指示中国海军与侵略中国的日本海军维持“友谊”，给日军送去鸡鸭鱼肉。

1932 年 5 月 5 日，国民党政府与日本签订了一个丧权辱国的《淞沪停战协定》，承认日军可以留驻上海，而中国军队却不得在上海周围设防。

侵占中国东北之后，日本进而向中国华北地区扩张。1933 年 1 月 3 日，日军攻陷山海关。3 月 4 日攻占承德，占领了热河全省。随后，日军向长城各要塞发动进攻，中国 29 军自动奋勇抵抗。但是，蒋介石却威胁抗日官兵“侈言抗日者杀无赦”，使 29 军陷于孤立无援的境地，最后被迫奉命撤出长城要塞。日军随即大举入关，占领了滦西、密云、遵化、唐山等 22 个县。

1933 年 5 月 31 日，国民党当局与侵华日军当局签订了卖国条约《塘沽停战协定》，事实上承认了日本对东三省和热河的侵占，华北门户从此洞开，平津受到直接威胁。

1935 年 6 月 27 日和 7 月 6 日，中国国民党政府屈服于日军淫威，分别与侵华日军当局签订了《秦土协定》（又称《察哈尔协定》）和《何梅协定》（又称《何应钦—梅津美治郎协定》），同意从察哈尔省和河北省撤出中国军队及政府机关，出卖了察哈尔和河北两省的主权。

华北危机引起了中国共产党的高度关注，1935 年 6 月 15 日，中华苏维埃共和国临时中央政府发表了《为反对日本吞并华北与蒋介石卖国宣言》。

1935 年 8 月 1 日，中共中央在红军长征途中发表了《为抗日救国告全体同胞书》，即著名的《八一宣言》，号召全国人民团结起来，停止内战，一致抗日，组织全国统一的国防政府和抗日联军。

同年10月，红军经过二万五千里长征，胜利到达陕北。11月28日，中华苏维埃中央政府发布了《抗日救国宣言》，提出了“抗日救国十大纲领”，号召全国人民团结起来，反蒋抗日。

1935年12月9日，北平学生和市民3万多人举行了声势浩大的抗日救亡示威游行，史称“一二·九”运动。

而日军侵占河北后，又开始以演习为名在卢沟桥附近挑衅，每隔三五天就“演习”一次，真枪实弹，昼夜不断，有时竟逼近宛平县城，实施模拟攻城。

1937年7月7日，驻丰台日军以卢沟桥为假想攻击目标，在宛平县城以北地区举行夜间军事演习。当晚11时，日军以“仿佛”听到宛平城内有枪声而致使1名日军士兵失踪为由，欲闯入县城中搜寻。遭到中国守军的拒绝。翌日清晨5时，日军悍然炮轰宛平县城，发动了震惊中外的“卢沟桥事变”（又称“七七事变”），拉开了全面侵华战争的序幕。

7月8日，日军大举进犯宛平县城，中国驻军英勇奋战，打退了敌军的猖狂进攻。当日深夜，中国军队实施夜袭，一举歼灭了卢沟桥附近的日军，沉重地打击了日军的狂傲气焰。日军见宛平城久攻不下，便玩弄缓兵之计，于8日深夜与北平市长兼第29军副军长秦德纯达成三项口头协议：一、双方立即停止射击；二、日军撤至丰台，中国军队退到卢沟桥以西地带；三、宛平城内防务由地方保安队负责。

当时，驻守冀察和平津地区的是宋哲元麾下的第29军，包括3个步兵师、1个骑兵师和1个特务旅，加上地方保安部队，总兵力约10万人。

第29军原属冯玉祥将军领导的西北军。1930年冯玉祥、阎锡山“反蒋战争”失败后，西北军解体。其中2.2万兵员被张学良的东北军收编，改编成第29军，下辖2个师。宋哲元任军长，冯治安、张自忠分别担任第37、38师师长。国民党军分为嫡系、旁系和杂牌三种部队。29军属于杂牌军，备受歧视，粮饷不足，武器装备破旧低劣。

利用休战之际，日军紧急向关内集结重兵。到7月16日，日军入关部队已达5个师团，总兵力超过10万人，完成了包围平津的战略部署。

7月18日，日军重新向宛平城发起大举进攻，炮轰长辛店，狂炸廊坊。7月25日，日军攻占廊坊。7月27日凌晨3时，日军向通县发动总攻。激战到中午，中国军队突围撤退。同一天清晨5时，日军出动18架飞机配合作战，围攻团河，中国守军伤亡逾千人。

7月28日黎明，日军出动40架飞机、40门重炮，对北平近郊发动总攻，大举进犯南苑、北苑和西苑。中国守军仓促应战，在敌军优势炮火和飞机的狂轰滥炸下，被炸得血肉横飞，很快被日军切成数段，分割包围。不久，南苑失守，29 军副军长佟麟阁（1892—1937）壮烈殉国，第 132 师师长赵登禹（1898—1937）也在撤退时中弹身亡。

在战事失利的情况下，29 军所部仍浴血奋战，节节抵抗，傍晚时分退却到北城圈。入夜以后，战况更加不利，日军已迫近北平南郊、北郊的城垣。鉴于战局已无法挽回，宋哲元便命令北平郊外部队向永定河右岸撤退

当晚 11 时，宋哲元与北平市市长秦德纯等离开北平撤往保定，第 38 师师长张自忠（1891—1940）代理冀察政务委员会委员长兼北平市市长之职，收拾残局。7 月底，北平沦陷。

在北平激战的同时，驻守天津的第 29 军第 38 师一部，于 7 月 29 日向日本驻天津各机关及租界发动进攻。中国军队一度攻占了北仓飞机场及日军驻守的车站，迫近日租界的海光寺营房。但是，日军随后派来大队援军，中国军队寡不敌众，血战一昼夜后，于 30 日放弃天津，撤往马厂。

1935年华北危急，蒋介石仍对日妥协，何香凝模仿三国时诸葛亮羞辱司马懿之法，将自己的一条裙子寄给蒋并附诗一首："枉自称男儿，甘受敌人气，不战送山河，万世同羞耻。吾侪妇女们，愿往沙场死，将我巾帼裳，换你征衣去。"

——《何香凝：女中伟人是画家》

西安事变

在国难当头之际，蒋介石不顾中华民族的危亡，继续坚持不抵抗政策，变本加厉打内战。被蒋介石派到陕甘一带"进剿红军"的东北军和西北军（第17路军），对此非常愤慨，先后与红军建立了联系，自动要求停止内战，联共抗日。

东北军司令张学良将军和第17路军总指挥杨虎城（1893—1949）将军曾多次建议蒋介石，放弃反共内战政策，实行联共抗日。但是，蒋介石顽固坚持"攘外必先安内"，对张、杨的建议横加拒斥，还委派其亲信"五虎上将"之一蒋鼎文（1895—1974）为"西北剿共前敌总指挥"，调遣嫡系部队进至豫陕边境，武力压迫张、杨攻打红军。

1936年12月4日，蒋介石飞抵西安，下榻临潼华清池，亲自督战，准备彻底消灭红军。蒋介石威逼张、杨进攻陕北红军，否则就把他们的部队调到福建和安徽，让中央军来剿共。

这两种选择都是强人所难，张、杨已经与中共达成了共同抗日的协议，当然不肯与红军开战；而离开西北，早晚必被蒋介石清除异己、吞并消灭。因此，张、杨被逼无奈，秘密商量对策，决定一“苦谏”，二“哭谏”，最后一招就是“兵谏”——设法捉蒋，逼他抗战。

两将军尝试“苦谏”，毫无效果。12 月 7 日，张学良又去华清池向蒋“哭谏”：“国家民族的存亡，已经到最后关头。非抗日不足以救亡，非停止内战、举国团结不足以言抗日。继续剿共，断无出路。”面对声泪俱下的张学良，蒋介石勃然大怒，严声训斥张学良年轻无知，拍着桌子说：“你就是拿枪把我打死，我的剿共计划也不能改变！”随后，连续几天，张、杨天天去劝谏，蒋介石一直无动于衷。

12 月 12 日，张学良、杨虎城被迫发动了震惊中外的西安事变。当天清晨 5 时，东北军的一个连出其不意地进入华清池。蒋介石从睡梦中惊醒，慌乱中翻墙摔伤了脊椎骨和脚腕，逃到后山，藏进乱草丛中。上午 10 时，东北军战士“果然在乱草丛中找到了缩成一团的蒋介石”，连拖带架地把他塞进汽车，押送到西安新城大楼，软禁起来。

与此同时，17 路军在西安城内扣留了国民党军政要员陈诚、邵力子、蒋鼎文、陈调元、卫立煌、朱绍良和邵元冲等人。

事变当天，张学良、杨虎城向全国发出了关于救国八项主张的通电，提出：改组南京政府，容纳各党各派，共同负责救国；停止一切内战；立即释放上海被捕的爱国领袖和一切政治犯；开放民众爱国运动；保障人民集会结社一切政治自由等。

西安事变发生后，南京政府陷入一片混乱。

12 月 16 日，国民党中央政治委员会做出决议，由南京政府下令讨伐，推举军政部长何应钦（1890—1987）为“讨逆总司令”。12 月 17 日，何应钦派飞机轰炸渭南和三原，并扬言要轰炸西安。内战有一触即发之势。

宋氏家族和孔祥熙更关心蒋介石的个人安危，主张和平营救蒋介石，并派蒋介石的私人顾问、澳大利亚人威廉·亨利·端纳（William Henry Donald，1875—1946）去西安试探虚实。

得悉西安事变发生后，中国共产党应张、杨两将军的邀请，派出了周恩来、博古、叶剑英等组成代表团赶赴西安，与张、杨讨论处理西安事变的问题。

12 月 20 日，宋子文、宋美龄等人代表南京政府来到西安，谈判解决西安事变问题。

12 月 24 日，经过周恩来等同志的艰苦斡旋和谈判，事变双方终于达成了 6 项协议。主要内容有：改组国民党与国民政府，驱逐亲日派，容纳抗日分子；释放上海爱国领袖，释放一切政治犯，保证人民自由权利；停止剿共政策，联合红军抗日；召集各党各派各界各军的救国会议，决定抗日救亡方针。

当天，周恩来亲自会见了蒋介石，与蒋进行了严肃的谈话。

蒋介石表示同意上述协议，并以人格担保，履行协议。

至此，西安事变获得了和平解决。蒋介石回到南京后，迫于国内外客观形势的压力，被迫停止了对红军的进攻，10 年内战暂告结束，抗日民族统一战线的局面初步形成。

正如毛泽东所说：“‘西安事变’的和平解决成了时局转换的枢纽，在新形势下的国内合作形成了，全国的抗日战争发动了。”

日本在中国抗战的长期消耗下，它的经济行将崩溃；在无数战争的消磨中，它的士气行将颓靡。中国方面，则抗战的潜伏力一天一天地奔腾高涨，大批的革命民众不断地倾注到前线去，为自由而战争。

——《毛泽东选集》第一卷

中国正面战场

日军侵占平津之后，得寸进尺，又调集重兵，分三路向河北、山东、山西等中国腹地大举进犯，妄图在“三个月内灭亡中国”。

1937 年 8 月起，中国军队与日本侵略军展开了激烈的战斗。

1937 年 8 月 12 日，日军 5000 多人在飞机和坦克掩护下，向扼制察哈尔省和山西省的咽喉要地——南口镇发起疯狂进攻。南口阵地的防御工事几乎被日军炮火夷为平地。中国守军在废墟中顽强抗击日军。激战一昼夜，双方伤亡各 500 多人。

次日晨，日军在重炮和坦克支援下，反复发起冲锋。中国守军在枪林弹雨中，踏着血肉模糊的死尸与日军展开白热化的肉搏厮杀，一个团的守城官兵几乎全部战死。但是，中国军队前仆后继，殊死抵抗，日军被牢牢地阻击在南口战场上。

无奈之下，日军暂停正面硬攻南口，改用包抄战术，转而进犯张家口。张家口是平绥铁路线上的重镇，也是保护南口、怀来一线的战略屏障。

8月21日，日军集结重兵向张家口凶猛扑来。当日，暴雨倾盆，中国守军冒雨与日军激烈战斗，杀声震天。在日军的重炮和坦克冲击下，右翼城垣首先陷落，导致两翼守军陷入重围。战至8月27日，日军大部队冲入市区，中国守军突出包围，撤往宣化、涿鹿一带。怀来也随后失守。

张家口陷落使南口镇的中国守军腹背受敌。守军将领、第20军军团长汤恩伯（1900—1954）只知单纯防守，“处处据守则处处薄弱，易被敌击破”。结果，兵力越拼越少，防线漏洞越来越大，终致南口一线防线溃散，日军逐一侵占了平绥路东线的各处要点，察哈尔全省落入日军手中。

8月下旬，日军开始向河北省中部大举进犯。

9月11日，日军攻占津浦路上的马厂，对保定和石家庄形成钳式包抄。9月21日，日军大队兵马向落马坡、姚官屯发起攻势，中国守军“阵地多半炸平，外壕外围铁丝网炸断，官兵伤亡2000余人”。激战到9月24日，中国守军伤亡惨重，被迫西撤；日军继续推进，夺取沧县，直下泊头镇，进逼德县。

9月23日，日军向保定发起攻势，中国空军首次在华北上空参战，中国守军士气大振，奋勇杀敌。次日，日军完成对保定的包围，发起总攻。激战11小时，日军坦克突入城南公园，中国守军弃城撤走。

10月8日，日军又向正定发起攻势，中国守军与之展开激烈巷战，伤亡过半，被迫南撤。次日，日军从三面包围了石家庄。10月10日，日军攻占石家庄，随即沿平汉路南犯。10月15日，攻陷邢台，10月17日攻占邯郸，11月5日占领古都安阳。

在向河北、河南进犯的同时，另有一路日军向西进逼山西的门户——大同。9月5日，中国军队在大同前哨天镇与日军血战一昼夜，守住了阵地。9月8日，日军炸毁天镇城垣，但是遭到中国守军的有力阻击，无法推进。日军于是绕过天镇，奔袭阳高、大同。9月10日，阳高失陷，天镇丧失屏障，中国守军弃城撤退。9月11日，日军兵临大同城下。因为大同守备空虚，第二战区司令阎锡山（1883—1960）下令弃守大同。9月12日，日军进占大同，夺取了晋北煤炭基地。

10月12日，中国军队一路退到平绥线终点——包头。10月17日，中国守军放弃了包头。在撤退途中，这些中国军队“官不知兵，兵不见官，一退数百里，将民财骡马拉抢一空”，“多三五成群，奸淫掳掠，任意开枪寻事”，溃败得十分可悲。

10月中旬，日军7万多人侵入晋北，在忻口一带遭到中国军队的顽强阻击，进展甚微。转而渡过滹沱河，沿正太铁路向太原进攻。10月13日晨，日军进抵娘子关附近的核桃园。阎锡山下令“严督进攻部队拼命杀敌，总司令、军长应亲自督战，有畏缩不前者，就地枪决”。经过连日激战，旧关至核桃园一带，山沟中积尸累累，伤亡甚众。10月26日，娘子关陷落。日军继续西进，11

月 4 日攻占榆次县城，太原危急。

11 月 6 日，日军进抵太原北郊，随即对城内进行炮击和空中轰炸。11 月 7 日，日军完全包围了太原。11 月 8 日发动总攻，并以 30 多架飞机轮番轰炸，全城陷入一片火海。中国守军誓死抵抗，伤亡异常惨重。入夜后，日军向城内空投伞兵，造成混乱。太原城防司令傅作义（1895—1974）率部从南大门突出重围，撤往晋南，太原陷落。

在疯狂侵略中国华北地区的同时，日军再次对淞沪地区发动了猛烈的进攻，妄图对中国南北夹击，速战速决，迫使中国“军队及国民丧失战斗意志”，尽快投降。

淞沪地区位于长江下游黄浦、吴淞两江汇合处，扼长江门户。在“一·二八”事变后，日本就在上海虹口、杨树浦一带派驻重兵，专设日本驻沪海军陆战队司令部，驻沪兵力 3000 多人，大批日本舰艇常年在长江、黄浦江沿岸巡弋。

1937 年 8 月 13 日，日本海军陆战队向淞沪铁路天通庵车站的中国守军开枪挑衅，并出动坦克沿宝山路进攻，被中国守军击退。8 月 14 日，中国政府发表《自卫抗战声明》。

8 月 15 日，蒋介石下达全国总动员令，自任海陆军总司令。

8 月 17 日，中国军队向虹口、杨树浦方面日军发动反击。经数日激战，中国军队突破日军阵地，攻入汇山码头。与此同时，中国空军队也与日本航空队展开激战，并积极攻击进犯的日本陆军和舰艇，击落日机 47 架，炸沉 1 艘日军巡洋舰。

8月23日晨，从日本赶来的大股日军在川沙河口、狮子林、吴淞一带强行登陆。9月1日，日军围攻狮子林炮台，与中国守军反复白刃搏斗，双方伤亡惨重。

9月5日，日军集中30余艘军舰，掩护陆军向宝山发起猛攻，中国军队浴血奋战，苦战2昼夜，500名官兵多数壮烈牺牲。

9月下旬至10月初，日军增援部队陆续在上海登陆，总兵力达20多万人。11月5日拂晓，日军利用大雾、大潮在杭州湾的全公亭、金山嘴登陆，对淞沪实施迂回包围。中国沿海守备部队已抽调支援市区作战，猝不及防，阵地相继失守，战局急转直下。11月6日，日军占领金山，企图对上海形成合围。11月8日，蒋介石被迫下令全线撤退。11月9日，日军进占淞江，11月12日占领上海。

淞沪会战期间，日军投入28万人、10个师的兵力，动用了30多艘军舰、500多架飞机、300多辆坦克。中国守军共30万人、70多个师，装备40艘舰艇、250架飞机。中国官兵以劣势装备与日军殊死拼搏，毙伤日军4万多人。

上海陷落后，近在咫尺的首都南京直接处于日军的威胁之下。蒋介石紧急召集各路将领商讨保卫南京的问题。因为上海和南京之间一路都是平原，无险可守，大部分将领都主张放弃南京。只有唐生智（1890—1970）站出来激昂地说："南京不仅是我国的首都，而且是国父之陵所在地。如果没有人愿意守卫南京，我愿意与南京共存亡。"唐生智本是湖南军阀，过去曾两次参加倒蒋运动，当时在国民政府中仅是一个备受冷落的训练总监部总监。唐生智的英勇发言和决心，令举座无言。蒋介石当即任命唐生智为南京城防司令，负责南京保卫战。

11 月 16 日，蒋介石决定迁都重庆，给唐生智留下 10 万人坚守南京。留守南京的将士几乎都是从淞沪战场上败退下来的，伤亡过半，疲惫不堪；临时补充的新兵都是从农村临时征召或强行抓来的壮丁，没有受过军事训练。

12 月 8 日，来势凶猛的 20 多万日军攻陷淳化镇和镇江炮台后，向南京城发起疯狂进攻。12 月 10 日，日军攻陷芜湖，切断了中国守军的退路。12 月 12 日傍晚，日军攻进了南京雨花台、中华门阵地。国军将士们顽强抗击，雨花台一战 88 师 3 位旅长中 2 位阵亡，6 位团长 3 位牺牲，全师过半将士战死。264 旅旅长高致嵩战至最后时刻，命令残部将所有手榴弹、炸弹以及炸药包的导火引线连接起来摆在阵地上，待日军冲入阵地后引爆炸弹，与日军同归于尽。

12 月 12 日晚 7 点，唐生智背弃与南京共存亡的誓言，突然发出撤退命令。随后，唐生智乘坐为自己保留的最后一条小汽艇北渡长江逃跑了。

唐生智带头弃城出逃，引起了南京守军的哗然，部队顿时发生了总崩溃，指挥系统瘫痪，官兵们开始各自逃命。有些军官急着自己逃命，连撤退的命令都没有传达下去。部队六神无主，在慌忙中四散奔逃，场面极度混乱。

更糟糕的是，唐生智逃走之前并没有解除“不准任何人出城逃跑”的命令。守卫挹江门的36师开枪阻止试图出城逃跑的守军，中国军队内部发生交火，最后城内的守军动用准备进行街巷战的坦克，击破挹江门出城，随后，逃兵和难民乘势冲出城外。

大量军民蜂拥到南京下关后，却根本没有渡江的船只。开战之前，唐生智为了表现破釜沉舟的必死决心，已经把长江上的渡船全部销毁，断绝了南京守军的退路。很多人就抓一块木板、一根树枝试图游水，渡过近2000米宽的长江逃命。12月的江水已经十分寒冷，很多军民溺死在长江中。

12月13日清早，日军吃惊地发现曾顽强抵抗的中国军队忽然全部逃走了，日军轻易冲入南京城内。下午2点左右，日军的先头部队到达挹江门，发现挹江门外有成千上万的逃兵和难民挤杂在一起试图渡江，于是日军向逃兵和难民们开火，造成血染长江的大惨案。

南京陷落后，从12月13日到1938年2月上旬的6周里，日军实施了惨绝人寰的南京大屠杀，残杀中国军民34万之众，其中集体屠杀28起19万多人。12月间，日军在草鞋峡集体屠杀被俘军人5.7万多人，在鱼雷营、宝塔桥集体屠杀市民3万多人，在燕子矶江滩集体屠杀被俘军民5万多人，在上新河集体屠杀被俘军民28700多人；零星屠杀有据可查的达858起，残杀15万多人。

日军还肆无忌惮地强奸、集体轮奸中国妇女。战后远东国际军事法庭的判决书中确认：南京“全城无论是少女或是老年妇女，多数都被奸污了。在这类强奸案例中，还有许多变态的淫虐狂行为。许多妇女在强奸后又被杀害，她们的躯体还被斩断。南京在被占领后的一个月内，发生了2万件左右的强奸事件。”

攻占中国首都南京之后，日军认为中国军队不堪一击，得意忘形，想一鼓气赶尽杀绝，彻底歼灭中国军队。随即分兵北上，企图与沿津浦路南下的日军夹击徐州，打通南北战场。

此时，山东成为抵御和分割日军的重要战场。驻守山东的是中国第3集团军总司令兼山东省主席韩复榘（1891—1938），麾下正规军5个师、1个手枪旅、1个重炮旅、2个山炮团、1个重迫击炮团，加上由正规军改编的保安队，共约10万兵力。另外，第51军和青岛守备队也受其指挥。同时还拥有黄河天险和泰山、沂山、蒙山等天然屏障。但是，韩复榘畏敌如虎，竟然一枪不放就放弃了济南，逃之夭夭。结果，日军垂手而得大半个山东，12月23日进占济南，直逼徐州。

徐州位于苏、鲁、豫、皖四省的交界口，素有“五省通衢”之称，是陇海和津浦两条铁路的交会点，也是衔接黄河、长江两条水路、毗邻南北大运河的古城。几千年来，在这里发生过200多次战争，是兵家必争之地，有道是“九里山前古战场，儿童拾到旧刀枪”。九里山便是当年楚汉相争、张良一曲吹散项羽三千子弟兵的地方。

1938年3月，在徐州东北30千米的大运河北岸台儿庄，李宗仁（1891—1969）将军麾下的中国军队血战日军，击败日军2个精锐师团，歼敌 2 万多人，取得了中国正面防御战中的第一次大胜利。后来，日军增援部队越来越多，中国军队于 5 月 19 日放弃徐州，撤往河南东部和安徽北部。

占领徐州后，日军气焰更加嚣张。1938 年 8 月初，调集 20 个师沿长江两岸向武汉猛扑而来。当时驻守武汉的中国军队号称 60 万人，数量占有优势。但是，士气不振，一再败退。10 月 25 日，中国军队放弃汉口，26 日撤出武昌，汉阳也随即陷落。中国军队从武汉一路向西，一直撤退到四川。在武汉保卫战中，苏联志愿空军大队曾多次痛击日军，有些飞行员壮烈地牺牲在中国战场上。

在进攻武汉的同时，1938 年 10 月 12 日，日军又在广东惠阳东南的大亚湾登陆，中国守军望风而逃。10 月 21 日，日军轻而易举地占领了广州。至此，中国华北、华东、华中和华南的大片国土都沦陷在日军的铁蹄之下。

中国抗日战争随后进入相持阶段。

还在这一时期的开始，我们共产党人就指出中国抗日战争的两条路线：或者是人民的全面的战争，这样就会胜利；或者是压迫人民的片面的战争，这样就会失败。

——《毛泽东选集》

中国敌后战场

“西安事变”之后，中国内战暂时停止了，国共两党开始第二次合作，联手抗击日本侵略军。国民党军队在“正面战场”上守土御敌，节节败退，最后龟缩西南一隅；共产党军队奋勇向前，冲进敌占区开辟了“敌后战场”，浴血抗敌，不断发展壮大，在艰苦卓绝中走向胜利。

迫于国难的压力和中国共产党的积极争取，1937 年 7 月 15 日，蒋介石正式承认了中国共产党的合法地位。8 月 22 日，蒋介石公布了将中国工农红军改编为国民革命军第八路军的命令，任命朱德为总指挥、彭德怀为副总指挥。

8 月 25 日，中共中央革命军事委员会发出改编命令，宣布中国工农红军第一、第二、第四方面军和陕北红军等部，改编为国民革命军第八路军（9 月 11 日改称第十八集团军），简称“八路军”。

红军前敌总指挥部改为“八路军总指挥部”，由朱德、彭德怀任正副总指挥（9月11日改称正副总司令），叶剑英、左权为正副参谋长，任弼时、邓小平为政治部正副主任，下辖3个师和1个特务团。八路军总部直属队3000多人，全军共有4.6万人。3个师分别为115师（师长林彪、副师长聂荣臻）、120师（师长贺龙、副师长萧克）、129师（师长刘伯承、副师长徐向前），每师15000人。

1937年10月12日，国民党政府军事委员会又宣布，将南方8省和14个地区的红军游击队改编为“国民革命军陆军新编第四军”，简称“新四军”。1938年1月，新四军军部在南昌成立，叶挺任军长，项英任副军长，张云逸、周子昆任正副参谋长，袁国平、邓子恢任政治部正副主任。军部下辖4个支队，全军共有10300余人。

完成改编之后，八路军很快就从陕西韩城、潼关两处东渡黄河，开赴抗日前线，冲锋陷阵，奋勇杀敌，开辟敌后战场，成为抗日战争的先锋队。

在华北战场上，日军疯狂进攻、国民党军队节节失利的危急时刻，八路军进入山西境内，迎击日军。1937年9月，贺龙率120师驰援雁门关，林彪率115师赶赴平型关。平型关是山西和河北两省交界的要隘。9月25日，115师在平型关伏击突袭日军，经过2天激战，歼灭号称“皇军精锐”的板垣第5师团所属第21旅团1000多人，击毁日军汽车100多辆，缴获大批武器、军用品、食品和军服。

平型关大捷是八路军出师后第一个大胜仗，也是中国抗战以来第一个获得全胜的歼灭战，鼓舞了全国人民的抗战信心。

1937 年 10 月 19 日，刘伯承的 129 师第 769 团第 3 营夜袭山西代县，火烧阳明堡敌军机场，24 架敌机全部被烧毁，歼敌百余人，打击了日军的空中支援能力。贺龙的 120 师深入大同附近，开展雁北游击战，有力地支援了正面战场。

1937 年 11 月 8 日太原失陷后，国民党军队向西南撤退。八路军成为华北抗战的主力军，大力开展独立自主的游击战争，创建了以五台山区为中心的晋察冀根据地、以太行山区为中心的晋东南根据地、以泰沂山区为中心的鲁中根据地、冀中平原根据地、冀东根据地等一批抗日根据地。

随着抗战的发展，爱国青年踊跃参加抗日的革命军队，八路军领导的抗日根据地不断得到巩固，并将华北游击战扩展到最早被敌人侵占的绥远、冀东和热河一带。

从太原失陷到徐州会战期间，八路军在华北猛烈地袭击日军，大小战斗达 400 多次，打死日军 2 万多人，缴获步枪 3000 多支、轻重机枪 100 多挺，击毁敌人汽车 500 多辆。在日军进攻武汉时，八路军配合保卫武汉，在所有干线上炸毁火车，破坏铁路，进行大小战斗 1000 多次，打死日军 2 万多人，缴获步马枪 8000 多支、轻重机枪 150 挺，击毁敌人汽车 800 多辆。八路军遍地开花的游击战在华北战场上拖住了日军 30 万人、13 个半师团。1938 年，日军曾两次更换主帅，仍然摆脱不了困境。

八路军在华北抗击日军的同时，新四军在华东地区英勇抗战。1938年6月间，新四军进至南京、镇江、丹阳、句容、金坛、武进、溧水、高淳、芜湖一带，四处打击日寇，从敌伪手中解放了广大的农村地区，建立起以江苏南部茅山山区为中心的抗日根据地。在江北，新四军进至安徽的巢县、无为地区，解放了淮南铁路和津浦铁路南段两侧地区，开辟了皖中和淮南根据地。

在华南地区，国民政府军队撤走后，海南岛红军游击队改编成“广东民众抗日自卫团第十四区独立队”，在中国共产党领导下开展抗日游击战，守卫着祖国的南大门。

在东北各地，也普遍出现了抗日游击战。东北的抗日游击队和抗日义勇军转战于白山黑水之间，使用大刀、红缨枪等各种武器，广泛袭击日军，攻打日军侵占的城镇，烧毁日军的机场，破坏敌伪的铁路和发电所，打得日军惶恐不安。

在1936至1937年间，中国共产党领导下的东北抗日游击队组成抗联，被人民称为“十大联军”，声势浩大。1937年初，抗日联军整编成以杨靖宇为总指挥的第1路军。下半年，又组成周保中指挥的第2路军和李兆麟指挥的第3路军。这3路游击部队在东北地区积极打击日军，创造了无数可歌可泣的英雄业绩。

深入敌后作战的八路军和新四军令日军感到万分惊恐，被迫改变侵华战略，开始对国民政府采取以政治诱降为主、以军事进攻为辅的方针，而将军事重心转向大规模“扫荡”共产党领导的抗日根据地。

日军一面放松对国民党战场的进攻，一面调集大批兵力向抗日根据地进行“大扫荡”。1937 年 7 月至 1940 年 7 月，仅在华北战场，日军出动千人以上的“扫荡”就达 109 次，用兵 50 万人。

1938 年时，八路军、新四军总兵力为 18 万人，1940 年时发展到 50 万人，独立抗击着一大半的侵华日军和全部的伪军。

1938 年 6 月至 1941 年 5 月，八路军、新四军共进行了 2 万多次战斗，打死打伤日军 12.5 万多人。其中，1940 年 8 至 12 月，八路军在华北发动的“百团大战”，出动 115 个团、近 40 万兵力，全面出击，攻击正太、同蒲、平绥、津浦、德石等 5000 千米交通线及沿线日军，持续 3 个半月，进行大小战斗 1800 多次，毙伤日军 2.1 万多人，伪军 2.5 万多人，拔除敌伪据点 2900 个，破坏铁路 470 多千米、公路 1500 千米，沉重地打击了日军，令日军大本营大为震惊，撤换了华北派遣军总司令。

1942 年以后，日军重点“扫荡”华北解放区。有些“扫荡”长达两三个月，出动的兵力多达 5 万到 10 万人。仅 1942 年 1 月，日军对解放区的“扫荡”就达 1600 多次，平均每天五六十次。

日军在“扫荡”中实行残酷的杀光、烧光、抢光的“三光政策”，致使很多地方出现“无村不戴孝，到处闻哭声”的凄惨局面。

1941 至 1942 年，陕甘宁边区和各抗日根据地，在日军大规模“扫荡”和国民党军队的封锁下，粮食、布匹、日用品和军用品普遍匮乏。在困难面前，党中央和毛泽东主席领导边区军民掀起了一个轰轰烈烈的“大生产运动”。毛泽东提出“自己动手，丰衣足食”的口号。大生产运动结出了丰硕的果实，使解放区军民顺利地度过了最艰难的岁月。

1943年以后，陕甘宁边区和各抗日根据地又很快发展壮大了。1943年，八路军对日伪军作战2.4万多次，毙伤日伪军13.6万多人；新四军对日伪军作战5000多次，消灭日伪军6.6万多人。

太平洋舰队司令尼米兹收到山本五十六的行程信息后，颇费踌躇。尼米兹担心，截杀山本后，会有更出色的将领接替。美军参谋进言说：“山本对于日本海军，就像您对于美国海军那样重要!”这句话算说到心坎上了，尼米兹当即请示了罗斯福总统，随后下令：“截杀山本。”

——［日］阿川弘之《偷袭珍珠港——山本五十六传》

日本偷袭珍珠港

发动侵华战争以来，日本深陷战争泥潭，战争开支远超国力所能承受的限度，战略物资几乎消耗殆尽。

1941 年 9 月 6 日，日本军令部总长永野修身报告说：“3 年后，日本将一筹莫展，不战而屈服于经济封锁。”大藏相贺屋兴宣也承认：“在中国事件以来的 4 年里，我国支出达 500 亿日元。这笔支出超过了自明治维新至 1936 年近 70 年我国预算总和。”陆军大臣东条英机则认为，“坐等两三年，日本将沦为三等国”。日本军部认为，唯一的出路就是把魔爪伸向东南亚，攫取那里的战略物资，“以战养战”，并切断中国与英美联系的国际通道，逼蒋介石投降，然后再全力对付英美。

而日军南犯夺取东南亚时，势必要与英美开战。日本军部估计，美国太平洋舰队会从侧翼出击日军，逼使日本不能夺取东南亚。为实施“南进”计划，日本联合舰队司令山本五十六认为，必须“断然对夏威夷的美国舰队进行袭击”，拔掉珍珠港这颗“美国鲨鱼的牙齿”。随后，抢占东南亚及西南太平洋诸岛屿，夺取战略资源，站稳脚跟后再迫使美国订立城下之盟。

1941 年 7 月 2 日，日本御前会议通过了确定日本发动太平洋战争的决定性文件——《适应局势演变的帝国国策纲要》，宣称日本帝国决定“跨出南进的步伐”，“不论世界形势如何演变，帝国均将以建设“大东亚共荣圈”为方针。不惜对英美开战”。

7 月 14 日，日本强迫法属印度支那殖民当局答应签订《法日共同防卫印支协定》。7 月 26 日《协定》公布后，美国当即宣布冻结日本在美资金。7 月 28 日，日军进驻西贡。8 月 1 日，美国宣布对日本“全面禁运”，并任命麦克阿瑟为驻菲律宾美国远东陆军总司令。

9 月 6 日，日本御前会议秘密决定对美开战。在决定对美开战时，日本首相近卫文麿临阵心虚，军部决定抛弃近卫首相，任用坚决主战的东条英机组阁。10 月 18 日，东条英机出任首相，兼任陆军大臣、内务大臣，建立了“东条独裁体制”。

东条英机曾任关东军宪兵司令、关东军参谋长，是侵华战争的主要战犯之一。他坚决主张对美开战，放出狂言：“人生有时不妨闭着眼睛冒一次险！”在东条组阁那天，日本参谋本部的《机密战争日志》写道：“无论发生什么情况，新内阁必须成为一个战争内阁。开战！开战！除此之外，陆军别无出路。”

11 月 4 日，日本陆海军最高参谋会议确定了对美开战的最后日期：“发动武装进攻之时间定于 12 月初。”

同一天，为掩盖偷袭计划，麻痹美国，日本宣布加派“和平特使”来栖三郎赴美协助日本驻美大使野村吉三郎进行日美谈判，玩弄起假谈真打的两手策略。而美国有些外交官却感到“好像是一线阳光刺破乌云，照射了太平洋的海面”。

11 月 17 日，罗斯福总统接见了来栖三郎。此后到日美开战的 20 天中，来栖三郎协助野村吉三郎与美国国务卿科德尔·赫尔进行了 9 次会谈，掩护日军对珍珠港的偷袭行动。

不过，美国对日本的动向是很清楚的。早在 1940 年秋，美国情报部门就已经破译了日本的最高级密码——“紫密”，而且美国随后还制造了 8 架破译“紫密”的机器。这套破译技术代号为“魔术”。借助“魔术”的透视，美国对日本南进的动向了如指掌。

可惜，尽管美国的“魔术”神通广大，美国最高决策者却沉醉在对日本的绥靖政策中，一再误解情报的真实含义。在珍珠港事件前两个星期，11 月 24 日，罗斯福总统还表达心迹说：“人们问为什么……成千上万吨汽油从西海岸洛杉矶输往日本，这岂不是一种帮助日本进行侵略的行为吗？答案很简单……从我们自私的国防观点来看，不让南太平洋发生战争是非常要紧的一招……另外我们还要保持从澳大利亚、新西兰到中东的运输线。设法保持南太平洋的和平，对英国也是至关重要的。暂且不论日本有无向南扩张的意图，北方的日本本土是没有石油的。如果我们禁运石油的话，也许日本一年前就进攻荷属印尼了，我们也许眼下早就处于战争中了。所以，把石油输给日本是有道理的。为了我们，为了英国的防务和海运畅通无阻，希望战争不致在南太平洋爆发，两年来这一办法一直行之有效。”

就在罗斯福发表上述谈话的头一天，即 11 月 23 日，日本第一航空舰队司令南云忠一指挥准备袭击珍珠港的 30 艘日本舰只，在北方的渔港单冠湾集结完毕，切断同外界的一切电讯联系，悄无声息地潜伏起来。

12 月 2 日，山本五十六通知南云忠一攻击日期为东京时间 12 月 8 日，夏威夷时间为 12 月 7 日。当天是星期日，美军的休假日，美国太平洋舰队大部分舰艇泊在港内，日军不会扑空。而且，当天半夜到日出前会有下弦月亮，便于空军偷袭。

12 月 6 日，日本偷袭珍珠港的特遣舰队已驶抵夏威夷美国飞机巡航圈内，已经可以收听到当地的电台广播，日军航空兵全部整装待命，而美军仍一无察觉。

当日，日本联合舰队参谋长草鹿龙之介在日记上写道：“夏威夷已成瓮中之鳖。让其再做一天太平梦——此乃一出赌以国家命运与许多人命、决一胜负之人类最大戏剧。”

12 月 6 日傍晚，负责“魔术”接收的美国海军情报部远东处主任克雷默少校破译了日军偷袭的时刻，并亲自赶到白宫，报告给海军部长诺克斯和罗斯福总统，然而美国高层并未做出反应。

12月7日，星期日，清晨7时许，夏威夷瓦胡岛北端山岗上雷达站值班的两名新兵发现，东北方220千米外有成群的飞机正朝瓦胡岛飞来。他们立即向基地值班官员报告。值班官员却回答说“不用担心”，因为他以为肯定是美国自己的飞机。

7时50分，天空中成群的日本飞机呼啸而来，海面下凶险的日本潜艇急速扑来，随即是震耳欲聋的爆炸巨响和腾空升起的弥漫硝烟，珍珠港很快就淹没在浓烟火海之中，太平洋战争正式爆发了。

日本飞机从6艘航空母舰上起飞，分批袭击珍珠港。偷袭珍珠港前后历时1小时50分，共击毁击伤美主要舰只10余艘，击毁飞机188架，美军伤亡3400余人。美国太平洋舰队几乎全军覆没，只有航空母舰“企业”号当时正在从威克岛的返航途中，原定7时30分驶入港内，但途中遇到恶劣气候，耽误了航行，没有按时返港，得以死里逃生。

12月8日，罗斯福总统向美国国会两院发表战争咨文：“昨天，1941年12月7日——必须永远记住这个耻辱的日子——美利坚合众国受到了日本帝国海军突然的、蓄意的进攻。”

当日，美国正式向日本宣战。

同一天，英国抢在美国前头，向日本宣战。英美之后，澳大利亚、新西兰、加拿大、自由法国、荷兰等24个国家陆续对日本宣战。12月9日，中国政府也在抗日战争进行了多年之后正式对日本宣战。随着太平洋战争的爆发，第二次世界大战进入一个新阶段。

希特勒是英国殖民政策的崇拜者。他私下对亲信说："我希望大英帝国王冠上的珍珠一颗也不掉，否则，那将是人类的一大灾难。"

在战争爆发前，德国舆论对印度的独立运动表示好感时，希特勒说："我不允许我的人民对甘地着迷。自由不是靠织布机得来的，而是靠大炮。"

——［美］赫尔曼·沃克《战争风云》

日本侵占东南亚

在偷袭珍珠港的同一天，1941 年 12 月 8 日，日军动用约 40 万兵力、2300 多架飞机、232 艘军舰（包括 10 艘航空母舰、10 艘主力巡洋舰）对菲律宾、马来亚、泰国、关岛、威克岛等地发起了全线攻击，妄图夺取东南亚。

1941 年 12 月 8 日，日军开始进攻香港。英国守军曾经吹嘘说，至少能够坚守香港半年，实际却仅仅抵抗了 18 天，英军就在 12 月 25 日投降了，香港落入日军手中。

关岛当时只有 360 名美军守卫，根本无力抵抗日军的入侵。12 月 10 日，关岛美军投降，日军夺取了关岛。威克岛也只有不到 500 名美军守卫，但是，美军进行了顽强的抵抗，击沉日本驱逐舰2艘。日本随后大举增援、发动强攻，威克岛美军被迫于12月22日投降。

守卫菲律宾的是美国远东陆军总司令、当时美国唯一的四星上将麦克阿瑟，拥有1.9万美军、11.2万菲律宾部队、200架飞机和一支小型舰队。日本进攻部队有2个师、1个旅，配备500架飞机。

12月8日，日本飞机突袭、炸毁了美军基地上的大部分飞机。12月10日，日军向吕宋岛发起登陆进攻，美、菲军队抵挡不住，主动撤往巴丹半岛，宣布马尼拉为“不设防城市”。

1942年1月2日，日军进占马尼拉。3月初，日军又向菲律宾增派了2个步兵师和2个炮兵团，准备消灭美、菲军队。

麦克阿瑟退守巴丹半岛后，美军的弹药和给养都严重匮乏。美国军事委员会分析了当时的战局后，决定放弃远东战场，重点支援欧洲战场。为了避免麦克阿瑟上将被日军俘虏有损国威，3月11日，麦克阿瑟被调往墨尔本，转任驻澳大利亚美军总司令。

临走时，麦克阿瑟送给继任的乔纳森·温莱特（Jonathan Mayhew Wainwright，1883—1953）一包雪茄和两大罐刮胡膏。“只要我活着，我会一直坚守巴丹!”温莱特发誓说。

得知麦克阿瑟调离后，日军深受鼓舞，对巴丹半岛展开更加疯狂的进攻，对巴丹进行无区别的轰炸，公然炸毁标有明显标志的战地医院，还展开了一些白刃争夺战。炮火持续了三个星期，温莱特中将终于撑不住了，美军防线全线崩溃。

1942年5月5日上午10时，驻菲律宾美军总司令温莱特中将向华盛顿发出诀别电报："我的部队和我本人已经完成了所有人类能做过的一切……我带着深深的遗憾和对我顽强军队的无限自豪去见日军指挥官了。再见，总统先生!"

5月6日，温莱特向日军请求投降，并通过马尼拉电台命令菲律宾的所有美军无条件投降，拒绝投降者以逃兵论处。结果，大约7000名美军、2万名菲律宾军人投降了；少数美军和多数菲律宾军人共约2.9万人拒绝投降，带着武器上山打游击去了。

日军随后押解美、菲战俘，从巴丹"死亡行军"到吕宋岛卡帕斯集中营，其中2300名美军俘虏、1万名菲律宾俘虏惨死在途中。这段"死亡行军"与南京大屠杀、缅泰铁路事件并称为二战日军的三大屠杀事件。

至此，日军完全控制了太平洋中部地区，截断了美国与菲律宾之间的交通线。

日军对泰国的入侵未遇抵抗。1941年12月8日，一支来自海上的日军在曼谷附近登陆，另一支日军从印度支那南部越过泰国东部边境，12月9日清晨侵入曼谷。侵占泰国之后，日本强迫泰国在12月21日签订了"同盟条约"。

也是在1941年12月8日，日军在马来亚北部强行登陆。马来亚是英国在亚洲的重要据点，号称英国"生命线"的重要一环，驻有10万英军，守将是白思华中将。

为了遏阻日军的猖狂攻势，丘吉尔派出英军远东舰队到新加坡，协助英国陆军阻击日军，加固英美的太平洋防线。丘吉尔想让日本在皇家海军的声威面前收敛一下野心。不料，日军仅用 3 天就将英美防线撕成了碎片。

12 月 10 日，英国远东舰队司令菲利浦斯上将（Admiral Tom Spencer Vaughan Philips，1888—1941）率领舰队，在完全没有空军配合的情况下，从新加坡出至马来亚东部海面截击日本运兵船。不料，日军侦察机率先发现了英国舰队，大批日军轰炸机、战斗机、鱼雷机很快蜂拥而至，展开轮番袭击。英军旗舰“威尔士亲王号”战列舰被 7 条鱼雷和数颗炸弹击中，菲利浦斯上将舰沉遇难，成为盟军阵亡的最高军官。

三天之内，日军清除了进军东南亚的三大障碍：美军太平洋舰队、美军远东驻军和英国远东舰队。在随后的半年里，日军掌握了东起夏威夷西至印度海岸，五万里海域的制空权，一手遮天不可一世。

1942 年 1 月 7 日，日军攻占马来亚首府吉隆坡。

2 月 8 日，日军在新加坡登陆。此时，新加坡还有 8 万英军，粮食和淡水都很充裕，但是，英军兵无斗志，畏敌怯战，节节败退。

2 月 15 日，白思华中将决定无条件投降。以补给和装备不足为由，率英军代表新加坡海峡殖民地政府向日军投降，将新加坡主权交付日本，新加坡落入日据时代。

1941 年 12 月 16 日，一支日军先头部队入侵荷属东印度的婆罗洲北部。荷属东印度，即今印度尼西亚，拥有丰富的橡胶、石油、锡等战略物资，日本垂涎已久。当时荷兰在东印度的驻军有10万人，并与英、美、澳的军队组成联军，一致抗击日军。但是，兵力分散在3000多个大小岛屿上，很容易被各个击破。

1942年2月14日，日本出动320架飞机，空降伞兵到苏门答腊，占领了机场。2月18日，日军占领南苏门答腊，控制了油田区。3月初，日军在爪哇东西两岸登陆，3月5日占领巴达维亚，即今雅加达，9日占领万隆。

3月12日，荷兰驻印尼殖民地总督斯塔丘尔（Tjarda Stachouwer，1888—1978）投降，万隆以东的英美联军1.1万人也投降了。

3月15日，荷属东印度——印度尼西亚——完全落入日军手中。荷兰在印尼长达300多年的殖民统治结束（荷兰本土在1940年5月已经被德国占领，荷兰政府流亡英国）。

日本侵占泰国后，1941年12月中旬，从泰国向缅甸发起进攻，直逼仰光，妄图切断中国的国际交通线——滇缅公路。当时，缅甸约有4万英军，主要集中在仰光、毛淡棉、曼德勒，司令为哈罗德·亚历山大中将（Harold Alexander，1891—1969）。应英国之请，1942年春，中国远征军在罗卓英（1896—1961）率领下赴缅甸，中国战区参谋长兼中缅印战区美军司令史迪威中将（Joseph Stilwell，1883—1946）随军进入缅甸。

1942年3月7日，英军放弃仰光，向北转移。次日，日军占领仰光。随后，日军沿伊洛瓦底江北上进攻曼德勒。3 月 18 日起，中国远征军在东瓜地区阻击日军 20 天，歼敌 5000 人，自身伤亡 800 人，掩护英缅第 1 师安全撤退。4 月 16 日，中国远征军星夜驰援仁安羌油田区，与日军激战 2 昼夜，解救被围英军 7000 人。英军随后退入印度，中国远征军一部分退入印度，一部分撤回云南境内。5 月 1 日，日军进占曼德勒，切断了滇缅公路。

从 1941 年 12 月 7 日日本偷袭珍珠港到 1942 年 5 月上旬，6 个月里，日军一时所向披靡，先后侵占了菲律宾、泰国、马来亚、缅甸、荷属东印度，以及关岛、威克岛等太平洋上的一些岛屿，侵略了 380 万平方千米的土地、沦陷区人口 1.5 亿。但是，日本取得暂时优势的同时，也很快暴露出其战线太长、力不从心的致命弱点。

罗斯福曾评价丘吉尔和斯大林说："丘吉尔趁我不注意就从我兜里偷走一便士；至于斯大林，他只拿大的。"

——［法］亨利·米歇尔《第二次世界大战》

开罗宣言

时至1943年秋，中国已经坚持全面抗日战争6年之久，付出了巨大牺牲，几百万中国军队和游击队牵制和消灭了大量的日本侵略军，对世界反法西斯战争做出了重大贡献，赢得了世界的广泛尊敬。

对美国来说，中国抗战也有重要的战略意义，不仅极大地减轻了美军在太平洋战场上的压力，还是打击日本的前沿基地。因此，美国主张提高中国的国际影响，确立中国的大国地位。

1943年秋，丘吉尔提出，在美、苏、英三巨头举行德黑兰会议之前，先与罗斯福单独会晤。罗斯福不想单独会见丘吉尔，便提出邀请中国的蒋介石一起开会，同时邀请苏联外交部部长莫洛托夫来参加，变成四国会议。但是，苏联听说有蒋介石参加，便拒绝参加会议，因为当时苏联与中国政府为新疆等问题发生了争执。

罗斯福热衷于拉蒋介石参加四强会议，主要是希望趁机劝说蒋介石出让中国东北的权益给苏联，以便换取苏联出兵对日作战；另外，也想通过开罗会议提高中国的大国地位，稳住中国的抗战，进而成为美国在战后联合国组织中的得力帮手。

于是，1943 年 11 月 22 至 26 日，美国总统罗斯福、英国首相丘吉尔和中国国民政府主席蒋介石便在埃及首都开罗举行了三国首脑会议，史称“开罗会议”。

会议主要讨论了盟国联合对日作战的问题、战后处置日本等问题。11 月 22 日晚和 25 日下午，蒋介石与罗斯福进行了两次长谈，中美双方领导人达成了重要的共识：日本用武力从中国夺去的东北各省、台湾和澎湖列岛，战后必须归还中国。蒋介石夫人宋美龄也出席了开罗会议，亲自为蒋介石担任翻译，周旋于罗斯福、丘吉尔之间，大出风头。丘吉尔私下对罗斯福说：“这位中国女人可不是个弱者。”

根据美、英、中三国会谈和美中首脑会晤精神，美国总统特别助理霍普金斯起草了《开罗宣言》。随后，又经过三国代表的认真讨论，正式定稿，但暂不发表，由美英官员带到德黑兰，听取参加德黑兰会议的苏联首脑斯大林的意见。

11 月 30 日，斯大林表示，完全赞成开罗宣言及其全部内容，认为宣言中的决定是“正确的”，“朝鲜应该独立，满洲、台湾和澎湖等岛屿应该回归中国”。

1943 年 12 月 1 日，中、美、英三国在重庆、华盛顿、伦敦三地同时发表了《开罗宣言》。明确宣告：中、美、英三国对日作战的目的在于制止和惩罚日本的侵略；“剥夺日本从第一次世界大战爆发后，在太平洋上夺得或占领的一切岛屿”，使日本强占的中国领土，例如东北地区、台湾和澎湖群岛等“归还中国”。

这样，《开罗宣言》就以国际协议的形式公布于世，成为战后处理日本问题的重要法律依据。同时，《开罗宣言》也是第一份确认台湾是中国领土的具有国际法效力的条约性文件，它从法律上明确了日本侵占台湾的非法性，为战后中国处理台湾问题提供了国际法依据。

中途岛一战，美国凭借强大的空中优势，全歼日本重型航母，砍下日本的海上拳头。至 1944 年，莱特湾彻底埋葬日本联合舰队，撕碎日本海上防线。海上防线消失，日本帝国残阳落下。

——［英］阿诺德·汤因比《第二次世界大战全史》

决战太平洋

1942 年 3 月 17 日，麦克阿瑟出任西南太平洋地区盟军总司令，坐镇澳大利亚，指挥这一地区的陆海空军；4 月，美国太平洋舰队司令尼米兹（Chester William Nimitz，1885—1966）出任太平洋地区（不含西南太平洋）总司令，坐镇珍珠港。随后，美国开始在太平洋战场上对日本侵略军发起了日渐猛烈的反击攻势。

1942 年 5 月 7 至 8 日，美国太平洋舰队在澳大利亚和新几内亚以东的珊瑚海水域重创日本舰队，有力地打击了日本的侵略锋芒。

6 月 4 日，美军又在中途岛战役中击沉日军 4 艘大型航空母舰，摧毁日军 332 架飞机。经历了两次挫败之后，日军被迫承认："太平洋上的主动权转入敌人手中。"

1942 年 8 月 6 日至 1943 年 2 月 7 日，美军与日军在所罗门群岛南部的瓜达尔卡纳尔岛进行了长达半年的浴血争夺战。双方不断向岛上增援部队，各自的战斗部队经常保持在 2 万至 3 万人的规模。美军累计投入 6 万人，战死 1600 人，伤 4200 人；日军投入 3.6 万人，战死或失踪 1.5 万人，病死 9000 人，被俘 1000 人。日军残部撤走后，美军完全占领了瓜岛。

为了阻止盟军的反攻、鼓舞日军的士气，日本联合舰队司令山本五十六决定亲自飞往前线视察。1943 年 4 月 13 日，日本联合舰队向前线部队发出绝密电报："联合舰队长官于 4 月 18 日起视察巴莱尔、肖特兰、布因。前往的有中型攻击机 2 架、护航战斗机 6 架。6 时从拉包尔出发，8 时抵巴莱尔，11 时 10 分抵布因。"美国海军情报部门截获并破译了全部电文。情报送往华盛顿后，美国海军部长诺斯克下令干掉这个偷袭珍珠港的元凶。

4 月 18 日，18 架美国远程战斗机从瓜岛机场起飞，经过 2 个小时的低空飞行，于 11 时 10 分准时飞抵布因上空。这时山本的座机和护航机群，也像赴约会似的出现在布因上空。一架美机对日本护航战斗机不屑一顾，直奔第一架日机，一瞬间就把全部子弹倾泻到山本的座机上。顷刻间，山本的座机冒着一条长长的黑烟一头栽进了密林，化为灰烬。山本五十六的死犹如晴天霹雳，令日本举国震惊，日军士气遭到沉重的打击。

1943 年夏季开始，美军利用海空优势，施展"蛙跳式越岛战术"，不与日军逐岛争夺，死拼硬打，致使日军顾此失彼，处处被动。

1943 年 9 月 16 日，美军攻占新几内亚的莱城，10 月 2 日攻下芬什哈芬。12 月底，美军登陆新不列颠岛的西部，并逐渐向东推进。日军死守拉包尔，10 多万日军被围困在岛上，进退无路。

1944 年 4 月 22 日，麦克阿瑟攻占荷属新几内亚北部的荷兰地亚，并包围了马丹和荷兰地亚之间的威瓦尔。随后，美军跳跃攻占韦克德岛。5 月 27 日，美军又跳跃到比阿克岛。

前线日军与大本营的联系被切断，日军据点被盟军逐个分割占领，或被围困坐以待毙。7 月 30 日，美军登陆新几内亚最西端的鸟头半岛，打通了向菲律宾跳跃进攻的道路。与此同时，美国中太平洋海空部队于 1943 年 11 月攻占了吉尔伯特群岛。1944 年 2 月间，又攻占整个马绍尔群岛。

1944 年 6 月 15 日，美军在塞班岛登陆。美军与日军激战 20 天，歼敌 2.6 万人，美军战死 3400 人，伤 1.65 万多人。

6 月 19 至 20 日，美日舰队进行了著名的马里亚纳海战。美国舰队击沉 3 艘、重创 4 艘日本航空母舰，击落 335 架飞机。空战最激烈时，曾有 15 架日本飞机同时中弹起火，像燃烧的火炬一样坠落海中，美国飞行员得意地称此为“马里亚纳猎火鸡”。经此一战，日本舰队的空军几乎全军覆没，马里亚纳海域的制空权完全落入美军手中。

7 月 7 日，美军全部占领塞班岛。7 月 21 日，美军在马里亚纳群岛的最大岛屿关岛登陆。苦战 3 周，8 月 10 日美军占领了关岛，战死 1214 人，伤 5704 人，失踪 329 人，击毙日军 1.7 万人，俘虏 500 人。

马里亚纳群岛被日本视为太平洋上的“防波堤”；美军取得了该群岛，不仅获得了继续前进的海空军基地，而且远程轰炸机可以从这里起飞直接空袭日本本土，打击日本列岛。

1944 年 7 月 18 日，日本首相东条英机被迫辞职，转入陆军“预备役”。7 月 22 日，日本驻朝鲜总督小矶国昭组成新内阁，继续顽抗。

马里亚纳战役之后，麦克阿瑟的西南太平洋部队与尼米兹的中部太平洋部队胜利会师，随后联合进攻菲律宾及日本本土。

1944 年 10 月 20 日，麦克阿瑟麾下第 6 集团军在莱特岛登陆，菲律宾战役开始。10 月 23 至 26 日，美国第 3、第 7 舰队在莱特湾与日本联合舰队进行了 4 天的海战，美军击沉日本航空母舰 4 艘、战列舰 3 艘、巡洋舰 10 艘、驱逐舰 9 艘。此后，日军再也无力与美军进行海战了。

莱特湾登陆战役也在 1945 年 1 月 1 日基本结束，美军伤亡 1.5 万人，毙伤日军 7 万人。

退守吕宋岛后，1 月 4 至 13 日，日军利用仅存的 150 架舰队飞机组织“神风特攻队”，用满载炸弹的飞机直冲敌舰，攻击美国舰队；10 天中炸沉 17 艘美国军舰，重伤 20 艘，轻伤 30 艘。但是，这种自取灭亡的战术并不能扭转败局。

1 月 10 日，美军在吕宋岛的仁牙因湾登陆。3 月 4 日，美军占领马尼拉。到 3 月中旬，美军已经完全控制了菲律宾。

1945 年 2 月 3 日，美军开始昼夜轰炸硫磺岛。硫磺岛距东京

1200 千米，岛上有 2 个机场。美军一旦占领该岛，陆基飞机就可以直接袭击日本本土。2 月 19 日，美军在硫磺岛登陆。经过 2 周的恶战，残余的 3000 多日军退进山洞死守。3 月 26 日，美军占领全岛，付出 7000 人阵亡、1.9 万人负伤的代价，日军 2.3 万人除 200 人被俘外全部战死。

1945 年 4 月 1 日，美军开始登陆冲绳岛，出动 1400 多艘各类舰艇和 18.3 万人发动进攻。冲绳岛是琉球群岛中的最大岛屿，位于日本列岛西南 560 千米，堪称通往日本的门户。日军防守冲绳岛的兵力约有 10 万人，死守坑道阵地，战斗异常艰苦。6 月 23 日，美军突破最后一个坑道阵地，但是肃清战场的战斗一致持续到 6 月底。

冲绳一役是美军在太平洋战场上牺牲最大的一次战役，阵亡 7374 人，失踪 239 人，31807 人负伤。日军除 7800 人被俘外，全部被歼。

从 1944 年 6 月至战争结束，美国 B－29 轰炸机对日本本土先后进行了 81 次大规模战略轰炸，投弹 14 万吨，沉重地打击了日本军事工业。而美国潜艇也对日本军舰和外海航运造成了毁灭性的打击，加快了日本的崩溃。

波茨坦会议期间，英国外交大臣欧内斯特·贝文在洗手间碰到了斯大林，贝文开玩笑说："在资本主义世界里，公厕是唯一的地方，只有在这里，劳动人民才能够用双手掌握到生产资料。"显然，贝文话里有话。斯大林很快反应了过来，幽默地说："在社会主义世界也一样。"

——［法］亨利·米歇尔《第二次世界大战》

波茨坦会议

1945 年 5 月 8 日德国投降后，如何处置德国问题迫在眉睫，同时为了减少太平洋战场上的牺牲，美国希望苏联尽快参加对日本的战争。

因此，1945 年 5 月 23 日，美国新任总统杜鲁门（Harry S. Truman，1884—1972）提议再次举行美、英、苏三国首脑会议。于是，1945 年 7 月 17 日至 8 月 2 日，美、苏、英三国在柏林西郊的波茨坦举行了最后一次战时首脑会议。

会议包括首脑会议、外长会议和全体会议，其中全体会议开了 13 次。7 月 26 至 27 日，因英国首相丘吉尔回国参加大选，休会两天。7 月 28 日起，改由英国新首相艾德礼（Clement Richard Attlee，1st Earl Attlee，1883—1967）接替丘吉尔继续开会。

波茨坦会议（Potsdam Conference）开幕前一天，美国在新墨西哥州的沙漠地区试爆第一颗原子弹成功。美英两国首脑认为，“这是一张应当在波茨坦会议桌上打的王牌”。杜鲁门对斯大林透露，美国已拥有一种“破坏力特别巨大的新武器”。但是，斯大林并“没有表示异乎寻常的兴趣”。

波茨坦会议主要讨论了战后盟国占领德国的基本政治、经济原则，德国的赔偿、波兰的疆界西移、对日本作战等一系列问题。

争取苏联参加对日战争，是杜鲁门波茨坦之行的一个主要使命，苏联代表在会议上重申，苏联将保证履行对日作战的义务。

7 月 26 日，经过美、苏、英三国首脑讨论，达成了针对打败日本和战后处理日本的一项协议，即著名的《波茨坦公告》。因为苏联当时还没有对日宣战，所以没有签字。

在取得中国政府同意后，该公告以美、中、英三国共同宣言的形式发表了，全称为《促令日本投降之波茨坦公告》。后来苏联出兵对日作战时，也正式在公告上签了字，使公告成为四大盟国对日本的共同宣言。

《波茨坦公告》共 13 条，宣布说：“开罗宣言之条件必将实施，而日本之主权必将限于本州、北海道、九州、四国及吾人所决定其他小岛之内。”并严正警告日本说：“吾人通告日本政府立即宣布所有武装部队无条件投降，并对此种行动诚意实行予以适当及充分之保证。除此一途，日本将迅速完全毁灭。”

《波茨坦公告》实际上是一份反法西斯盟国敦促日本投降的最后通牒，宣告日本法西斯的末日已经降临了。与《开罗宣言》一样，《波茨坦公告》也是处置战后日本的一项重要国际协议。

二战的后期，苏联曾计划用炸弹直接轰炸日本富士山，引发火山喷发、地震海啸，将日本从地球上彻底抹除。彼时炸弹已经备好，运载飞机已经就绪，只等一声令下了。也许是上天有好生之德，没想到这事被美国抢了先。虽然两颗原子弹炸得日本相当凄惨，不过，原子弹的爆炸何尝不是换一种方式拯救了日本呢？

——［法］亨利·米歇尔《第二次世界大战》

原子弹爆炸

1945 年 7 月 27 日，《波茨坦公告》发布的第二天，日本内阁召开紧急会议，讨论日本的对策。7 月 28 日，日本首相铃木贯太郎向记者发表谈话："波茨坦公告不过是开罗宣言的改头换面而已。因此，政府并不认为它是一件重要的事。我们对此不予理睬。"日本将"坚决地战斗下去，直至取得这场战争的胜利"。

于是，杜鲁门决定，应该向日本抛出手中那张原子弹王牌了：因为"唯一能说服天皇及其军事顾问们的办法，就是证明我们有能力摧毁他们的帝国"。

原子弹是当时美国刚刚研制成功的一种新式武器。第二次世界大战初期，德国在原子的研究和实验方面居于世界领先地位。客居美国的一些欧洲核物理学家对此深感忧虑，希望美国抢在纳粹德国之前制造出第一颗原子弹。在这些科学家的敦促下，1939 年 8 月，大科学家爱因斯坦给罗斯福总统写信，建议美国加强对铀的研究，以便制造威力巨大的原子弹。

1939 年 10 月 11 日，罗斯福采纳爱因斯坦的建议，下令成立研究原子武器的委员会。1941 年 12 月 6 日，罗斯福批准了一项大规模研制原子弹的计划，即“曼哈顿计划”（Manhattan Project）。

1942 年 6 月，美国陆军部组建了“曼哈顿工程管理区”，由陆军部的格罗夫斯少将（Leslie Richard Groves，1896—1970）全面负责原子弹研制工作。美国加州大学伯克利分校物理学教授罗伯特·奥本海默（Julius Robert Oppenheimer，1904—1967）主持创建洛斯阿拉莫斯国家实验室并领导设计和制造原子弹。曼哈顿工程总部直属总统，对国会议员甚至对当时的副总统杜鲁门都严格保密。从 1943 年到 1945 年 7 月，美国动用了 10 万名科技人员和工人，耗资 25 亿美元，在田纳西、新墨西哥、华盛顿 3 个州秘密研制原子弹。

1945 年 7 月 16 日早晨 5 点 30 分，美国第一颗原子弹在新墨西哥的阿拉莫戈多沙漠爆炸成功。现场指挥试爆的格罗夫斯将军恢复镇静后的第一句话是：“战争已经结束了。这种炸弹只需扔上它一两颗，日本就完蛋了。”

当时，美国也只有 2 颗原子弹，一颗是以铀原料为基础的原子弹，代号“小男孩”，另一颗是以钚原料为基础的原子弹，代号为“胖子”。

对于如何使用原子弹，杜鲁门指示说："原子弹应尽可能投在靠近有头等重要意义的军需生产中心。"陆军部长史汀生（Henry Lewis Stimson，1867—1950）提出了4个目标城市：广岛、小仓、长崎、新潟。杜鲁门召集马歇尔、史汀生和空军司令阿诺德（Henry Harley Arnold，1886—1950）研究，最后确定广岛为第一个目标。1945年7月24日，由史汀生指令美国陆军战略航空队司令斯帕茨将军（Carl Andrew Spaatz，1891—1974）：8月3日以后在气候条件许可的情况下，尽快投掷第一颗原子弹。

7月27日至8月1日，美国飞机在日本各城市上空散发了150万张传单和300万张《波茨坦公告》。传单警告日本居民说，这些城市将受到猛烈的轰炸。

1945年8月6日早晨8点钟，广岛上空出现了两架B-29型美国飞机。广岛人对美国轰炸机早已习以为常，近来几乎天天有美国飞机从广岛上空飞过，向日本各城市投掷成吨的炸弹。不过，广岛一直未遭到大规模的轰炸。许多市民听到空袭警报后并未进入防空洞，而是仰头看着美国飞机。

8时15分，美军飞机投下一个降落伞，当降落伞降至距离地面600米高空时，空中突然发出炫目的白光，形成一个直径100多米的火球，接着响起震耳欲聋的爆炸声。一瞬间，大火球升腾成一团巨大的蘑菇云，整个城市都淹没在黑暗的烟云里。原子弹爆炸中心的温度高达30万摄氏度，爆炸中心的花岗岩都溶化了。远在16千米以外的地方，人们仍能感到灼热的气流。34.3万人的广岛市当天被炸死了78150人，受伤和失踪者达51408人。

8月7日，杜鲁门总统在广播中宣布：8月6日在广岛投掷的是原子弹，威力相当于2万吨TNT炸药。据当场测定，美国在广岛扔下的这颗代号为“小男孩”的原子弹，实际威力是1.4万吨TNT。

遭到原子弹轰炸后，日本法西斯统治集团十分震惊。8月8日下午，外交大臣东乡茂德（1882—1950）把美国在广岛投掷原子弹的详情上奏昭和天皇裕仁（1901—1989）。

裕仁表示：“敌既已使用此种武器，则战争继续更不可能，为获得有利条件起见，不得丧失结束战争之时机，关于条件，当有协商余地，应努力迅速结束战争，可转告铃木首相。”随后，日本内阁就结束战争问题展开了激烈的争辩。

8月9日上午11时30分，美国又在长崎扔下了代号为“胖子”的第二颗原子弹。起初，美国选择的目标是小仓，但是当时小仓上空云层很厚，看不清目标，于是改投长崎。长崎有27万人口，当日被炸死23753人，43020人受伤。

当丘吉尔恶作剧式地邀请盟国首脑在希特勒的“齐格菲防线”上撒尿的时候，实际上是在宣告，整个二战期间，没有一条地面防线在空军的打击下是牢不可破的。

——［法］亨利·米歇尔《第二次世界大战》

苏联出兵中国东北

根据波茨坦会议达成的协议，苏联在结束欧洲战役之后，立即加紧了对日本作战的准备工作。1945 年 5 月，苏联从西线调动大军开赴远东地区。到 8 月初，苏联在远东的总兵力已达 131 个师、117 个旅、共 174.7 万人，装备 5170 多架飞机、5250 辆坦克和自行火炮。另有苏联太平洋舰队和红旗阿穆尔河区舰队配合地面部队作战。蒙古也派出一支机械化骑兵部队参与对日作战。

日本关东军用来对抗苏军的总兵力只有 24 个师团、11 个独立旅团，大约 75 万人。另外，还有少量伪满和伪蒙的军队，以及一支小空军和松花江内河小舰队。在兵力和装备等方面，苏军都拥有绝对的优势。

1945 年 8 月 8 日下午 5 时，苏联外交部部长莫洛托夫召见日本驻莫斯科大使佐藤尚武（1882—1971），下达苏联对日宣战通告，并当面宣布：“从 8 月 9 日起，苏联与日本进入战争状态。”

8 月 9 日零点钟声过后，苏联红军兵分 4 路，越过中苏边界，对日本关东军发起全线攻击。第 1 路苏军会同蒙古军队，取道满洲里，越过大兴安岭，突入东北中部平原，直插长春、沈阳，切断关东军与华北日军的联系；第 2 路苏蒙联军向承德、张家口和锦州方向进军；第 3 路苏军从东面突入东北中部平原，进击牡丹江、敦化地区，随后进攻吉林、长春、哈尔滨；第 4 路苏军从北部强渡黑龙江、乌苏里江后向齐齐哈尔、哈尔滨进军。

在几路苏军迅猛凌厉的攻势下，日本关东军措手不及，仓促应战。苏军空军攻击机群如苍鹰扑食一般，把日军的火炮和机枪掩埋在地面弹坑中。苏军并不知道，他们正在突破的是一道“地下长城”，在中国东北与俄罗斯近 3000 千米的国境线上散布着长达 1000 千米的日军筑垒地堡和地下要塞，这就是日军号称的“东方马其诺防线”。日军强征百万中国战俘和劳工，耗时多年修筑的“东方马其诺防线”，在苏军空地协同的立体性突破中成了一条死蟒。不到一周时间，日军便被全线击溃。

8 月 14 日，日本宣布接受《波茨坦公告》。

8 月 15 日，天皇广播投降诏书，关东军顷刻全线瓦解。

8 月 18 日，关东军司令山田乙三（1881—1965）命令东北日军停止作战，向苏军投降。

8 月 19 日，苏军进占齐齐哈尔。8 月 20 日，苏军开进长春、沈阳、哈尔滨、佳木斯等城市；8 月 22 日，苏军先头部队进抵旅顺、大连；23 日和 24 日，苏坦克部队乘火车进驻旅顺、大连。

与此同时，南翼苏军在8月12日攻占了朝鲜北部的雄基、罗津、清律、元山等港口城市；8月24日进占平壤，不久推进到“三八线”附近。到8月底，在中国东北和朝鲜北部的关东军全部被解除武装。根据美苏盟军协商意见，“三八线”以南的侵朝日军向美军投降。

在攻占中国东北和朝鲜北部的同时，苏军于8月11日向南库页岛发起进攻，8月28日占领南库页岛。8月15日，苏军登陆千岛群岛，由北向南依次进占千岛群岛，包括国后、色丹等岛屿。按照《雅尔塔协议》，库页岛南部和千岛群岛须交给苏联。

至此，前后3周多的苏联对日作战胜利结束。在中国人民和朝鲜人民的配合下，苏军一举打垮了日本关东军和驻朝鲜日军，加速了日本的投降，为世界反法西斯战争的最终胜利做出了巨大的贡献。

“支那”是日本对中国的蔑称，早在1930年中国政府就已经照会日本政府：“今后称呼中国，英文须写 National Republic of China，中文须写大中华民国。倘若日方公文使用‘支那’之类的文字，中国断然拒绝接受。”但经过多次修改的日本终战诏书，依然无视中国感受写“支那”，可见日本即便投降也不尊重中国。

——［日］远藤三郎《日中十五年战争与我》

日本投降

在原子弹轰炸和美、苏军队的毁灭性打击之下，1945年8月10日，日本天皇裕仁打破缄默，表达了反对日本军部继续战争的意见。

1945年8月14日，在皇宫防空洞里，日本政府召开了御前内阁会议，商讨立即投降还是继续战争。陆军大臣阿南惟几（1887—1945）痛哭失声，力主本土决战，极力反对投降，外交大臣东乡茂德主张在维护天皇体制下投降。其余多数阁员赞成投降。少数阁员保持沉默。最后，天皇讲话：“我考虑把战争再拖延下去是不合适的……如果现在停战，可以留下将来发展的基础。……希望赞成此意。”天皇“圣断”后，铃木首相立即起草了《停战诏书》。当夜，裕仁又录制了《停战诏书》录音。

8月15日，日本天皇向全国广播了《停战诏书》。同一天，80岁的铃木首相在完成“终战”任务后，向天皇递交了辞呈。

8月17日，为了稳定局势，亲王东久迩宫稔彦大将（1887—1990）成为第一位皇族首相，重光葵（1887—1957）出任外交大臣。新内阁成立后，迅速派出3名皇族成员向海外的日军传达投降命令。

此后到9月中旬，散布在东南亚、太平洋诸岛、中国、朝鲜等地的330多万日军，陆续向盟国投降。

根据盟国之间的协商意见，麦克阿瑟被任命为中、美、英、苏等盟国进驻日本的占领军总司令。

8月26日，麦克阿瑟通知日本政府，美国舰队起锚向东京湾进发，执行受降和占领使命。该舰队编有383艘军舰、1300架舰载飞机，浩浩荡荡，威武壮观。

8月28日，美军先头部队在东京附近的机场着陆。8月30日，美英大部队在东京等日本本土登陆，实施对日本的占领。当日，麦克阿瑟飞抵东京。

麦克阿瑟戴着太阳镜，口衔长管烟斗，得意扬扬地走下飞机舷梯，宣布：“我，一个职业军人，掌握着8000万人的民政责任和绝对控制权。”随后，美军控制了东京的广播电台，建立了自己的新闻局。

1945年9月2日上午9时，在东京湾的美国战列舰“密苏里号”上，举行了日本签署正式投降书的仪式。

《日本投降书》共8条，其中最重要的是第2条和第8条。第2条宣布："日本帝国大本营与所有日本国军队以及日本支配下任何地带的一切军队，向同盟国无条件投降。"第8条规定："天皇及日本国政府统治国家之权力，应置于为实施投降条款而采取其所认为适当步骤之同盟国最高司令官之下。"

日本外交大臣重光葵代表天皇和日本政府、陆军参谋总长梅津美治郎（1882—1949）代表日本帝国大本营在投降书上正式签字。然后，由受降的盟军和美、中、英、苏等所有对日作战的同盟国代表签字。

盟军最高统帅麦克阿瑟代表盟军首先签字。为了纪念这一历史时刻，麦克阿瑟先后用了5支钢笔签署他的名字和头衔。他把第1支签字笔送给了被日军俘虏的美国将军温莱特，第2支笔送给了被日军俘虏的英国将军白思华，第3支笔送给了美国档案馆，第4支笔送给了他的母校西点军校，第5支笔是他从自己口袋里掏出来的红色小笔，签字后送给了他的第二任妻子。

接下来，由尼米兹海军上将代表美国、徐永昌将军代表中国、福莱塞海军上将代表英国、杰列维亚科中将代表苏联、托马斯·布莱梅代表澳大利亚、穆尔·戈斯格罗夫代表加拿大、雅克·勒克莱尔代表法国、赫尔弗里希代表荷兰、艾西特代表新西兰依次签了字。

至此，日本发动的侵略战争以战败投降而告终，第二次世界大战也以反法西斯同盟国的伟大胜利而宣告结束。

二战结束，多少断壁残垣，多少国破家亡。循着历史的惯性，走回经验的迷宫，最后无不是一损俱损、巨大失败的惨痛。

——［美］F. 德里斯基尔《山里来的海军上将》

沉痛的数据

迄今为止，历史上还从未有过一次战争像第二次世界大战这样，在生命和物质等各方面给人类造成如此巨大的浩劫和灾难。

在这次大战中，先后有 61 个国家卷入战争，战火殃及世界人口的 80%，共约 17 亿人，战场遍及欧、亚、非三大洲，太平洋、大西洋、印度洋、北冰洋四大洋，参战军队多达 1.1 亿人，直接军费开支 13520 亿美元，约占交战各国当时国民总收入的 60%至 70%。

在生命代价上，军队死亡约 2210 多万人，平民死亡 3430 多万人，总的死亡人数约 5600 万人，是第一次世界大战的 4 倍。

其中，中国经历战争时间最长，牺牲的人数最多，大约 3000 多万人；苏联本土遭到德国的蹂躏，牺牲了大约 2000 万人，约占全国人口的 12%；波兰牺牲了大约 600 万人，约占人口的 22%，战死约 60 万人，其他多数是死在集中营的犹太人。

英国自近代以来第一次在本土经受战争的恐怖，战死 32.6 万人，平民被空袭炸死 6.2 万人；美国大陆没有遭到战争破坏，牺牲的基本上都是军人，在欧洲和亚洲战场上共战死 30 万人。

南斯拉夫战死 30 万人，牺牲了 120 万平民；法国战死 20 万人，平民牺牲 40 万人；希腊战死 2 万人，平民牺牲 14 万人；德国共死亡了 800 万人，其中战死的军人为 440 万人，3/4 死在欧洲东线战场，死于盟军空袭的德国人约为 200 万人；日本死亡 300 万人，其中平民死亡 60 万人；意大利死亡人数约为 31 万人，其中一半是平民。

参战国物质浩劫也是惊人的。据不完全统计，各国损失高达 4 万多亿美元。苏联被毁的城镇有 1710 座，被毁村庄 7 万个，房屋 600 万栋，工厂 31850 家。波兰损失了全国财富的 1/3，工业设施 80％被毁，农业设施和建筑 50％被毁，62 万英亩森林被毁。南斯拉夫 20％的房屋被毁，30％的果园被毁，损失了 50％的牲畜。

法国所有港口都遭到了破坏，铁路被毁 2.3 万英里，1900 座铁路桥梁和隧道被损坏，4000 座公路桥梁被毁，100 多万栋房屋被毁。此外，还在遍及法国的海滩、空地和田野里布下了 1300 万颗地雷。